Frank Mangelsdorf (Hg.)

EINST UND JETZT
POTSDAMER STADTSCHLOSS / LANDTAG BRANDENBURG

Texte:

Hans-Rüdiger Karutz

Fotos:

Michael Hoffmann

D1666015

EDITION
BRANDENBURG

Autor: Hans-Rüdiger Karutz, geb. 1941, aufgewachsen in Potsdam und seither der Stadt verbunden, später Ausbildung zum Buchhändler, journalistisches Volontariat, tätig beim „Kölner Stadt-Anzeiger", „Der Tagesspiegel", „Berliner Morgenpost", Chefkorrespondent und Chefreporter der „WELT", seit 2006 freier Autor.

Author: Hans-Rüdiger Karutz, born in 1941, grew up in Potsdam and since then close ties to the city, later apprenticeship to become a bookseller, journalistic traineeship at the newspapers "Kölner Stadt-Anzeiger", "Der Tagesspiegel", "Berliner Morgenpost", chief correspondent and chief editor of the newspaper "DIE WELT", since 2006 free-lance author.

ISBN 978-3-944068-19-0

Die Deutsche Nationalbibliothek verzeichnet diese Publikation
in der Deutschen Nationalbibliografie; detaillierte bibliografische
Daten sind im Internet über http://dnb.d-nb.de abrufbar.

CULTURCON medien
Bernd Oeljeschläger

Melanchthonstraße 13, 10557 Berlin
Telefon 030/34398440, Telefax 030/34398442

www.culturcon.de

Redaktion: MOZ-Redaktion GmbH
Projekt-Betreuung: Gitta Dietrich
Übersetzungen: Susanne Voigt
Gestaltung: Kathrin Strahl, Berlin
Druck: Isensee GmbH, Oldenburg
Berlin 2014
Alle Rechte vorbehalten.

Mit freundlicher Unterstützung

Investitionsbank
des Landes
Brandenburg **ILB**

INHALT

VORWORT

Ein Freudenfest soll es werden! Das neue Landtags-Stadtschloss mitten in der Landeshauptstadt Brandenburgs – das bestreiten hinter vorgehaltener Hand selbst seine Kritiker nicht – schmückt nicht nur Potsdam, sondern das ganze Bundesland rings um Berlin.

Dem Landtag von Brandenburg kann man zu seinem neuen, ganz herrschaftlichen, aber umso demokratischer legitimierten Sitz im Potsdamer Stadtschloss viel Glück wünschen und eine glückliche, parlamentarisch ausgewogene Hand: Wo früher die goldfarbene Hohenzollernflagge auf dem Dach wehte, herrscht nun der Volkssouverän. Vom Landtag in der klassischen Hülle des Potsdamer Schlosses geht der politische Wille aus, der das Land regiert.

Und dies in einer Stadt, die für so vieles, vor allem so viel Extremes steht: Für das „Toleranz-Edikt" des Großen Kurfürsten, das Europas Intelligenz und Handwerkskunst nach Brandenburg lockte. Für die Marotte des Soldatenkönigs, zwar keine Kriege zu führen, aber am Ende Millionen für seine „Langen Kerls" auszugeben. Für das Arkadien, das Friedrich der Große aus Potsdam und seiner Landschaft machte. Für den „Tag von Potsdam" am

Let it be a joyous celebration! The new Parliament City Palace in the middle of Brandenburg's capital—even its critics do not deny it behind closed doors—now adorns Potsdam and the entire state surrounding Berlin.

We would like to wish the Brandenburg Parliament good luck and the right and well-balanced touch for its work in its new, aristocratic but all-the-more-democratically legitimated seat in the Potsdam City Palace. Where once the golden Hohenzollern banner flew on the roof, the sovereign people now rule. The political will that governs the state emanates from the Parliament in the classical cladding of the City Palace.

And this happens in a city that stands for many things, especially extreme things: the "Tolerance Edict" of the Great Elector that attracted Europe's brainpower and craftsmanship to Brandenburg. It stands for the quirk of the Soldier King not to lead any wars but to spend millions for his "Tall Fellows". It also stands for the Arcadia that Frederick the Great created in Potsdam and its countryside and also for the "Day of Potsdam" on 21st March 1933, the day of the disastrous alliance between Prussian conservatism and Adolf Hitler.

Potsdam also stands for the "Emperor's electoral district" won by Karl Liebknecht. It stands for the demonstrations

21. März 1933, den Tag der unseligen Verbindung des preußischen Konservatismus mit Adolf Hitler.

Potsdam steht aber auch für den „Kaiser-Wahlkreis", den Karl Liebknecht gewann. Für Demonstrationen gegen die Nationalsozialisten am 30. Januar 1933, als andernorts längst Resignation eingezogen war. Für die Tatsache, dass Graf Stauffenberg seine Bombe des 20. Juli in Potsdam versteckt hielt. Für einen Mann wie Carl von Ossietzky, der seine kritische „Weltbühne" eben dort drucken ließ. Es steht gewiss auch für die Konferenz der Siegermächte von 1945, die Deutschland teilte und den Keim des Kalten Krieges in sich trug.

Möge die Erinnerung an das „edlere" Potsdam auch die Arbeit der Landtagsabgeordneten beflügeln – denn hier, im wichtigsten Gebäude in der Potsdamer Mitte, wird der politische Ton für das ganze Land Brandenburg gesetzt. Ganz im Sinne des guten, alten märkischen Mottos: „Hie guet Brandenburg allewege!" Da mag der Adler im Plenarsaal sogar von Rot nach Weiß die Farbe wechseln – was macht es, wenn die Botschaft stimmt?

Frank Mangelsdorf
Chefredakteur Märkische Oderzeitung

against the national socialists on 30 January 1933 when resignation had already become a daily occurrence elsewhere and also for the fact that Count Stauffenberg hid his bomb of 20 July in Potsdam. It is also where Carl von Ossietzky's critical weekly magazine "Weltbühne" was printed. It certainly stands for the conference of the Allied in 1945 that divided Germany and contained the seed of the Cold War.

May the more "noble-minded" Potsdam inspire and drive the work of the deputies of Brandenburg's Parliament because from here on out, from the most important building in the center of Potsdam, the political agenda will be set for the whole state of Brandenburg. Following the good old motto of the March "Brandenburg is a good place everywhere", the eagle in the plenary hall may even change its color from red to white – it does not matter as long as the message is right.

Frank Mangelsdorf
Chef Editor of Märkischen Oderzeitung

GRUSSWORT

Liebe Leserinnen und Leser,

ich freue mich, Sie auf die Lektüre dieses Buchs über ein so bedeutendes Bauwerk einstimmen zu dürfen.

Der Landtag Brandenburg steht in der Mitte Potsdams im historischen Gewand ganz so, als ob es nie anders war. Für viele Menschen, vor allem die Potsdamerinnen und die Potsdamer, ist damit ein Traum in Erfüllung gegangen. Der Landeshauptstadt wird mit dem Neubau am Alten Markt 1 ein zentrales Gebäude wiedergegeben, und es wird eine städtebauliche Wunde geschlossen. Aber auch für die Abgeordneten des Landtages Brandenburg war der Einzug in ihr neues Domizil ein besonderes Ereignis. Immerhin waren sie 22 Jahre in der Liegenschaft am Brauhausberg, der ehemaligen Reichskriegsschule und SED-Bezirksleitung, untergebracht, der Experten schon vor dem Einzug die fehlende Funktionalität für den Parlamentsbetrieb bescheinigten.

Es gab immer wieder Anläufe, einen Beschluss für eine geeignete Unterbringung des Parlaments herbeizuführen, Standortuntersuchungen und Kostenvergleiche. Mit der im Jahr 1997 erarbeiteten Machbarkeitsstudie und dem Bekenntnis der Stadt zum Wiederaufbau des Fortunaportals im Jahr 1999 keimte unter zahlreichen Befürwortern neue Hoffnung auf. Am 25. März 1999 gründete

Dear Readers,

I am very pleased to introduce you to this book about such an important building.

The Brandenburg Parliament now stands in the middle of Potsdam in a historical garb, as if it had never been otherwise. For many, in particular the citizens of Potsdam, a dream has come true. With the new building at Alter Markt 1, an essential ensemble has returned to the Brandenburg capital, closing a wound in the city.

Moving into a new domicile was also a special event for members of the Brandenburg Parliament, who had had their premises at Brauhausberg for 22 years. The building on this hill had once been the Reich Military School and the seat of the SED administration for the district of Potsdam after the war. Even before it became the seat of parliament, experts had already confirmed its unsuitability for parliamentary work.

There had been numerous attempts to decide on appropriate accommodation for the Parliament. Locations were analyzed and costs compared. In 1997 new hope sprouted among the many supporters after a feasibility study had been prepared and in 1999 when the city committed to reconstructing the Fortuna Portal. This prompted the establishment of the association Förderverein für den Wiederaufbau des Fortunaportals Potsdam e.V. on 25 March 1999.

sich aus dieser Motivation der Förderverein für den Wiederaufbau des Fortunaportals Potsdam e.V.

Den Stein ins Rollen brachte dann schließlich die originalgetreue Wiederherstellung des Fortunaportals im Jahr 2002 – ermöglicht überwiegend durch Spenden wie der von Fernsehmoderator Günther Jauch.

Trotz großer Ungewissheit hinsichtlich einer tatsächlichen Wiederherstellung des Gesamtensembles wurde dies als Signal und Chance für einen Wiederaufbau des Stadtschlosses gesehen.

Für mich verbinden sich daher mit dem Standort des neuen Landtags nicht nur Geschichten preußischer Könige, sondern vielmehr demokratische Prozesse. So war die Geschichte bis zur Standortentscheidung für einen neuen Landtag im Mai 2005 von demokratischer Mitbestimmung, Mitgestaltung, bürgerschaftlichem Engagement und Bürgerbeteiligung geprägt.

Allen Spendern und den beteiligten Vereinen sei herzlich für das unnachgiebige Engagement gedankt. Ohne diese breite gesellschaftliche Mitwirkung vieler Akteure wäre es nicht gelungen, die Potsdamer Mitte mit ihrem Herzstück wiederherzustellen. Ein großer Dank geht dabei auch an die Stadt Potsdam, die den gesamten Prozess unterstützt hat.

Financial support, primarily from donors like TV moderator Günther Jauch, enabled the 2002 restoration of the Fortuna Portal to its original design; this set the ball rolling.

Despite great uncertainty about the actual restoration of the complete ensemble, the Fortuna Portal became a signal and a chance for the reconstruction of the City Palace.

I associate the site of the new Parliament building not only with stories about Prussian kings but rather with democratic processes.

The events preceding the determination of the location for the new Parliament building in May 2005 were marked by democratic co-determination, civic commitment and participation.

Sincere thanks go out to all donors and the involved associations for their unwavering commitment. Without the wide-ranging social participation of many stakeholders it would not have been possible to restore the centerpiece of the middle of Potsdam. A special thanks goes to the city of Potsdam, who supported the whole process.

I would also like to thank former finance ministers Wilma Simon, Dagmar Ziegler, Rainer Speer, and in particular, Dr. Helmuth Markov, who successfully completed the construction project, as well as the contractor, BAM Deutschland AG.

Ich danke auch den ehemaligen Finanzministern Wilma Simon, Dagmar Ziegler, Rainer Speer und insbesondere Dr. Helmuth Markov, der das Bauvorhaben mit Erfolg zum Abschluss gebracht hat, sowie dem bauausführenden Unternehmen, der BAM Deutschland AG.

Ein weiterer Dank geht an dieser Stelle auch an den Sanierungsträger ProPotsdam und an die fleißigen Archäologen, die sämtliche historische Spuren gesichert und einige sogar sichtbar gemacht haben. Hut ab vor dem Architekten Prof. Dr. Kulka, dem es gelungen ist, ein funktionales Landtagsgebäude im historischen Gewand zu schaffen, das im Mittelpunkt der parlamentarischen Willensbildung des gesamten Landes steht und Anziehungspunkt für Besucher aus nah und fern ist.

Mit dem durch den Landtagsneubau entstandenen Otto-Braun-Platz haben wir eine Stätte, die uns stets an einen aufrechten Demokraten erinnert, dessen Wirken einen bedeutenden Einfluss auf unsere demokratische Tradition genommen hat. Ich danke allen Beteiligten für Ihre Unterstützung und lade Sie ein, den neuen Landtag zu besuchen.

Gunter Fritsch
Präsident des Landtages Brandenburg

Another thanks goes to the redevelopment agency Pro-Potsdam and to the hard-working archeologists who saved all historical traces and even brought some to light.

Hats off to the architect Prof. Kulka who accomplished a project uniting a functional parliament building with historical design. It is a place at the center of political decision-making for the entire federal state and is an important attraction for visitors from near and far.

The newly created square Otto-Braun-Platz adjacent to the parliament building is a place that will always remind us of an upright democrat whose work significantly influenced our democratic traditions.

I would like to thank all people involved in the project for their support and invite you to visit the parliament building.

Gunter Fritsch
President of the Brandenburg Parliament

Liebe Leserinnen und Leser,

Das Potsdamer Stadtschloss wuchs in Jahrhunderten zu einer bedeutenden Residenz – im Bombenhagel des 14. April 1945 brannte es aus. 1959/60 wurde die Ruine trotz mahnender Stimmen und Proteste beseitigt.

Die erste Bebauung an dieser Stelle gab es im frühen 13. Jahrhundert, als eine Burganlage den Übergang der Havel zwischen dem Teltow und der Zauche schützte. Aus der Burg entstand eine Ansiedlung, die 1325 das Stadtrecht erhielt. Kurz vor 1600 wurde die Burg zu einem Renaissanceschloss für die Kurfürstin Katharina erweitert. Es wurde bald zu ihrem ständigen Aufenthaltsort, später auch zu dem der Könige und somit zu einer zweiten Residenz neben Berlin. Da das Schloss nun auch in den Wintermonaten bewohnt war, erhöhte sich der Raumbedarf. Zwischen 1679 und 1685 wurden unter Johann Arnold Nering und Martin Grünberg die Seitenflügel auf die doppelte Länge gebracht und mit einem Rundbogen und einem Eingangsportal abgeschlossen. Anlässlich der Königskrönung 1701 wurde vom Holländer Jean de Bodt das Fortunaportal als Eingangsbau zum Stadtschloss errichtet.

Friedrich II., genannt der Große (geb. 1712; regierte 1740 – 1786), ließ zwischen 1744 und 1752 größere Veränderungen am Außenbau und in den Innenräu-

Dear readers,

The Potsdam City Palace became an important residence over the course of centuries – and burned down in the hail of bombs on 14th April 1945. Despite admonishing voices and protests the ruins were razed in 1959/60.

The first buildings on this site were erected in the early 13th century. Initially a fortress protected the crossing of the River Havel between the plains of Teltow and Zauche and was the cradle of a settlement that received its town charter in 1325. Shortly before 1600, the castle was extended to become a renaissance palace for Electress Katharina. It soon became her permanent place of residence and later became the second residence of the kings after Berlin. Since the palace was then also inhabited in the winter months, more room was needed. Under the direction of Johann Arnold Nering and Martin Grünberg the wings were doubled in length between 1679 and 1685 and completed with a round arch and entrance portal. On the occasion of the royal coronation in 1701, Dutchman Jean de Bodt built the Fortuna Portal as an entrance gate to the City Palace.

Friedrich II, known as "the Great" (born in 1712; ruled from 1740-1786), commissioned major changes to the façade and interior design between 1744 and 1752. The architect Georg Wenzeslaus von Knobelsdorff (1699-1753) not only matched the height of the wings with the main building but also arranged the decoration of many rooms with works by outstanding artists. Among

men durchführen. Unter Leitung des Architekten Georg Wenzeslaus von Knobelsdorff (1699 – 1753) wurden nicht nur die Seitenflügel auf Höhe des Hauptbaus gebracht, sondern auch die Gestaltung der Innenräume durch eine Vielzahl hervorragender Künstler veranlasst. Zu nennen sind hier die Gebrüder Hoppenhaupt, Carl Joseph Sartori, Johann Georg Merck, Johann Melchior Kambly, Antoine Pesne, Johann Peter Benkert und Johann Gottlieb Heymüller sowie Georg Franz Ebenhech. Während sich der König in den Sommermonaten in Sanssouci aufhielt, war das Stadtschloss sein Winterquartier.

Der Nachfolger Friedrichs des Großen, Friedrich Wilhelm II. (geb. 1744; regierte 1786 – 1797) schuf sich mit dem Marmorpalais im Neuen Garten eine eigene Residenz, aber sein Sohn Friedrich Wilhelm III. (1770 – 1840) und dessen Frau, Königin Luise, zeigten wieder mehr Interesse am Stadtschloss. Unter Beseitigung einiger friderizianischer Innendekorationen ließen sie zwei neue Staatszimmer und eine Wohnung einrichten. In einem der Gästezimmer übernachteten 1805 Zar Alexander I. und später Napoleon.

Bis 1918 wurde das Schloss nur noch gelegentlich von Mitgliedern der Königsfamilie genutzt.

Nach Norden öffnete es sich mit dem Fortunaportal zum Alten Markt, der mit Rathaus und Nikolaikir-

them were the brothers Hoppenhaupt, Carl Joseph Sartori, Johann Georg Merck, Johann Melchior Kambly, Antoine Pesne, Johann Peter Benkert, and Johann Gottlieb Heymüller as well as Georg Franz Ebenhech. While the king spent the summer months in Sanssouci Palace, the City Palace served as his winter residence.

The successor to Frederick the Great, Frederick William II (born in 1744; ruled from 1786 to 1797) built his own residence, the Marble Palace in the New Garden, but his son Frederick William III (1770-1840) and his wife Queen Louise were more interested in the City Palace. After some Frederician interior decorations had been removed, they furnished two new staterooms and an apartment. In 1805 Tsar Alexander I and later Napoleon stayed in the guest room.

Until 1918 members of the royal family had only occasionally used the Palace.

It opened up to the Old Market in the north with the Fortuna Portal. The market boasted two other important architectural highlights – the Town Hall and St. Nicolas Church. The obelisk, a royal symbol, brought everything together. The Old Market with its architectural triad became Potsdam's administrative, intellectual and urban center.

After the Revolution of 1918 the Potsdam City Palace became a part of the Crown Estate Administration established by the administration of the Prussian royal household. As a result of a treaty about the apportionment of

che die beiden anderen wichtigen baulichen Akzente besaß. Der Obelisk, ein königliches Zeichen, fasste alles zusammen. Der Alte Markt wurde mit diesem architektonischen Dreigestirn das administrative, geistige und städtebauliche Zentrum Potsdams.

Nach der Revolution von 1918 gehörte das Potsdamer Stadtschloss zu der aus dem Königlichen Hofmarschallamt hervorgegangenen Krongutverwaltung. Nach dem Vertrag über die Vermögensauseinandersetzung des Preußischen Staates mit dem vormals regierenden Königshaus wurde es in die am 1. April 1927 gegründete „Verwaltung der Staatlichen Schlösser und Gärten" aufgenommen. Räume im Ostflügel nutzte forthin die Stadtverwaltung Potsdam, der ehemalige Theaterraum diente zeitweilig als Stadtverordnetensitzungssaal.

Wie bei allen preußischen Schlössern stellte man 1941 den Besichtigungs- und Museumsbetrieb ein, bewegliche Kunstwerke, soweit ihre Größe es erlaubte, wurden verpackt und ausgelagert.

Nur 13 Tage bevor die Rote Armee in Potsdam einmarschierte, erfolgte am 14. April 1945 der verheerende Bombenangriff auf die Stadt Potsdam. Was in Jahrhunderten mit großer künstlerischer Kraft geschaffen wurde, brannte in einer Nacht bis auf die Grundmauern aus. Die Bausubstanz des Schlos-

assets and liabilities between the Prussian state and the former royal house of Hohenzollern, it was integrated into the "State Palaces and Gardens Administration" founded on 1st April 1927.

Rooms in the eastern wing hosted offices of the Potsdam municipal administration. The former theater hall served temporarily as the assembly hall of the city councilors.

Like for all other Prussian palaces visits and museum operations were stopped in 1941; moveable artwork, depending on its size, was packed and removed from store.

On 14th April 1945, only 13 days before the Red Army marched into the city, was the devastating bombing raid on Potsdam. What had been created with great artistic mastery over centuries, burnt down to its foundation. However, the building structure of the Palace was not so badly damaged that reconstruction would have been impossible.

The palace ruin was repeatedly subject of intensive discussions. Members of the Socialist Unity Party of Germany (SED) of the then Brandenburg government and the city of Potsdam demanded its demolition. Knowing about this imminent danger, the Institute for the Conversation of Monuments under Prof. Ludwig Deiters prepared an argumentation on rebuilding the Potsdam City Palace. On 13th November 1959 the Potsdam city council decided to demolish the ruins, merely executing what the Politbureau of the SED had decided on 12th May 1959. Solutions proposed by

ses war nicht so schwer beschädigt, dass ein Wiederaufbau undenkbar gewesen wäre.

Die Schlossruine war wiederholt Gegenstand intensiver Diskussionen, in der die Vertreter der Sozialistischen Einheitspartei Deutschlands (SED) der damaligen Landesregierung Brandenburgs sowie der Stadt Potsdam immer wieder ihren Abriss verlangten. Um diese Gefahr wissend, hatte das Institut für Denkmalpflege 1958 unter der Leitung von Prof. Ludwig Deiters eine „Argumentation zur Wiederherstellung des Stadtschlosses in Potsdam" erstellt. Am 13. November 1959 beschloss die Stadtverwaltung Potsdam, die Ruine abzureißen. Man vollzog damit nur, was das Politbüro des Zentralkomitees der SED in Berlin bereits am 12. Mai 1959 beschlossen hatte. Lösungsvorschläge, die von den Architekturfakultäten der Hochschulen in Dresden und Weimar im Auftrag des Ministeriums für Kultur der DDR gemacht wurden, blieben ohne Beachtung.

Mit der Sprengung der Arkaden westlich des Fortunaportals begann am 18. Dezember 1959 der Abriss, mit der Sprengung des Treppenhauses am 28. April 1960 war er abgeschlossen. Geborgene Bauteile wurden am Westrand des Parks Sanssouci gelagert, um später in einem Freilichtmuseum ausgestellt zu werden, wozu es nie kam. Mit dem Bau des Interhotels 1966 – 1969 (heute Hotel Mercure) ist auch das Lustgartenareal vollkommen zerstört

the departments of architecture at the universities in Dresden and Weimar on behalf of the GDR Ministry of Culture went unnoticed.

The demolition started on 18th December 1959 with the blasting of the arcades on the western side of the Fortuna Portal and finished with the blasting of the staircase on 28th April 1960. Parts that had been salvaged were stored at the western end of Sanssouci Park. Plans to exhibit them in an open-air museum never came to fruition. The area of the Pleasure Garden was completely destroyed when the Interhotel (today Hotel Mercure) was built between 1966 and 1969. Only some remnants of the City Palace's Ringer Colonnade as well as a gable relief (the "Peace Offering"), some putti and capitals were placed in one part of the former Pleasure Garden. On 6th April 2000 the councilors of the Brandenburg Parliament decided to rebuild the City Palace as the seat of the Berlin-Brandenburg Parliament. TV-moderator Günther Jauch, who lives in Potsdam, donated 3.5 million Euros for the reconstruction of the Fortuna Portal. The work started in September 2000 and on 1st June 2001 the head of Minerva – an original fragment – was inserted as its capstone. The figure of "Fortuna" that moves with the wind was created by the Potsdam sculptor Rudolf Böhm. This provided the initial spark for reconstructing the palace.

In August 2006 the state signed the sales contract for the plot and the construction contract with the city. The plans for the new parliament building included a plenary hall,

worden. Nur in einem Abschnitt wurden Reste der Ringer-Kolonnade des Stadtschlosses sowie ein Giebelrelief (das „Friedensopfer") sowie Putten und Kapitelle aufgestellt. Am 6. April 2000 kamen die Stadtverordneten der brandenburgischen Landeshauptstadt überein, das Schloss als Berlin-Brandenburgischen Landtag wieder aufzubauen.

Der in Potsdam lebende Fernsehmoderator Günther Jauch hatte für den Wiederaufbau des Fortunaportals 3,5 Millionen Euro gespendet. Baubeginn war im September 2000, und am 1. Juni 2001 konnte der Kopf der Minerva – ein Originalfragment – als Schlussstein eingefügt werden. Die Figur der sich im Winde drehenden „Fortuna" schuf der Potsdamer Bildhauer Rudolf Böhm. Dies war die Initialzündung für den Wiederaufbau des Schlosses.

Im August 2006 schloss das Land den Kaufvertrag für das Grundstück sowie den städtebaulichen Vertrag mit der Stadt ab. Für den Landtagsbau waren vorgesehen: Plenarsaal, Präsidialbereich, Sitzungsräume, Arbeitsräume für die Fraktionen, die Abgeordneten und die Landtagsverwaltung, eine Bibliothek, das Medienzentrum und eine Cafeteria sowie eine Tiefgarage mit zusätzlicher Nutzfläche von 3 500 Quadratmetern. Der am 1. November 2005 vorgelegte Bebauungsplan wurde von den Stadtverordneten jedoch abgelehnt. Nach einer weiteren Ablehnung kam es zu Protesten und einer Befra-

a presidential area, meeting rooms, offices for the parliamentary groups, the deputies and the administration, a library, a media center, a cafeteria and an underground car park with an additional floor space of 3,500 m2. However, the city councilors did not approve of the building plan submitted on 1st November 2005. After another plan had been rejected the citizens protested and were surveyed about where they thought the parliament should be located. After the development of the site was finally approved in July 2007, the projections and recesses of the façade had already been drawn into the plans but not yet completed. On 27th November 2007 entrepreneur Hasso Plattner, who has a deep affection for Potsdam, stated that he would donate 20 million Euros on the condition that the outside facades of the new parliament building would be as close as possible to the original built by Knobelsdorff between 1744 and 1752.

On 21st August 2009 the Dutch Royal BAM Group was commissioned to build the new Potsdam City Palace with a historical façade. The architect Peter Kulka promised to use as many original parts of the old City Palace as possible. A hire-purchase agreement stipulates that the BAM Group build the palace for the contractually agreed price of approximately 120 million Euros and then lease it out to the state Brandenburg for a 30-year period, during which the BAM is responsible for the building. After that it will become the property of the state. After the city of Potsdam finished the preliminary work for the change of the traffic area and the new tram bridge, the ground-

gung der Bürger über den Standort des Landtags. Als die Bebauung des Platzes im Juli 2007 endlich beschlossen wurde, waren die Vor- und Rücksprünge der Fassade eingezeichnet, aber noch nicht konkretisiert. Mit dem Beschluss kam am 27. November 2007 die Nachricht von dem mit Potsdam verbundenen Unternehmer Hasso Plattner, 20 Millionen Euro unter der Bedingung zu spenden, dass sich die Außenseiten des Landtagneubaus so genau wie möglich an dem zwischen 1744 und 1752 von Knobelsdorff erbauten Original orientierten. Am 21. August 2009 erteilte man der niederländischen Unternehmensgruppe Royal BAM Group den Auftrag für den Neubau des Potsdamer Stadtschlosses mit historischer Außenfassade. Der Architekt Peter Kulka versprach, möglichst viele Originalteile des alten Stadtschlosses zu verwenden.

Ein Mietkaufvertrag regelt, dass die BAM-Gruppe das Gebäude für einen vertraglich festgelegten Preis von etwa 120 Millionen Euro errichtet, um es dann für 30 Jahre dem Land zu vermieten. Für diese Zeit des Betriebes ist die BAM zuständig, dann geht das Gebäude in das Eigentum des Landes über. Nach den Vorleistungen der Stadt Potsdam für den Umbau der Verkehrsfläche und der Errichtung der Straßenbahnbrücke erfolgte am 21. März 2010 der erste Spatenstich in Anwesenheit des Ministerpräsidenten Matthias Platzeck und des Oberbürgermeisters Jann Jakobs. Die Grundsteinlegung fand

breaking ceremony took place on 21st March 2010 in the presence of Brandenburg Minister President Matthias Platzeck and Potsdam Mayor Jann Jakobs. The foundation stone was laid on 16th April 2011, and the topping-out ceremony was celebrated on 24th November 2011 followed with great interest by the Potsdam population. The initial plan was to tile the roof with titanium sheet but Hasso Plattner was able to donate an additional 1.6 million Euros in November 2011 for a cooper roof true to the original.

While the outside almost completely corresponds to the historical design of the City Palace, the inside has been changed. The southern wing has been enlarged and both side wings extended. Since it was not clear at that time if the Berlin councilors would also be moving into these rooms, the Brandenburg audit court has used them in the meantime. The building project was finished at the end of 2013.

Prof. Dr. Hans-Joachim Giersberg
Director General (ret.) of the Foundation Prussian Palaces and Gardens in Berlin and Brandenburg

am 16. April 2011 statt, das Richtfest wurde am 24. November 2011 unter großer Anteilnahme der Potsdamer Bevölkerung gefeiert. Es war anfangs vorgesehen, das Schloss mit Titanblech zu bedecken. Für das originalgetreue Kupferdach konnte Hasso Plattner im November 2011 sein Spendenvolumen noch um 1,6 Millionen Euro erhöhen.

Während der Außenbereich nahezu der historischen Ansicht des Stadtschlosses entspricht, gibt es im Inneren mit der Vergrößerung des Südflügels und der Erweiterung der beiden Seitenflügel Veränderungen. Da nicht abzusehen war, ob die Berliner Abgeordneten nach Potsdam ziehen, werden diese Räume zwischenzeitlich vom Landesrechnungshof genutzt. Der Gesamtbau wurde Ende 2013 fertiggestellt.

Prof. Dr. Hans-Joachim Giersberg
Generaldirektor a. D. der Stiftung Preußische Schlösser und Gärten Berlin-Brandenburg

LITERATUR

1. Schicksale Deutscher Baudenkmale im II. Weltkrieg. Hrsg. und redaktionell bearbeitet von Götz Eckhardt: Stadtschloß, Seite 150–154, Berlin 1978.

2. Giersberg, Hans-Joachim: Das Potsdamer Stadtschloss, Potsdam 1998.

3. Ausstellungskatalog „Minervas Mythos. Fragmente und Dokumente des Potsdamer Stadtschlosses", herausgegeben von der Stiftung Preußische Schlösser und Gärten Berlin-Brandenburg und der Unteren Denkmalschutzbehörde der Landeshauptstadt Potsdam. Konzeption Saskia Hüneke und Gundula Christel, Berlin 2001.

4. Borgelt, Christiane: Potsdam. Der Weg zur neuen Mitte. Berlin 2012.

CITY PALACE – *It stands there majestically: The City Palace of Potsdam, the political and emotional center of the city – a grand homage to the baroque and rococo eras. Friedrich II made the Palace his winter residence. After the end of the monarchy in 1918, it became the seat of the municipal administration. In 1933 Hitler entertained the idea of staging the infamous "Day of Potsdam" in the Palace. The plan failed because there was not enough space. Almost for-gotten: The idea to give the city a new heart again came indirectly from the British heir apparent Prince Charles. In 1995 His Royal Highness sent his summer academy of young architects to Potsdam. The result: Begin with the Fortuna Portal! TV-host Günter Jauch donated the money for the building costs of the portal. This was followed by the con-struction of the new palace, which is now the seat of the Brandenburg Parliament.*

Majestätisch liegt es da: Potsdams Stadtschloss, die politische und emotionale Mitte der Stadt – eine prachtvolle Hommage an Barock und Roko-ko: Friedrich II. machte das Schloss zu seinem Winterquartier. Auf der alten Aufnahme geht der Blick direkt auf seine einstigen Gemächer an der Südostecke im ersten Stock. Nach dem Ende der Monarchie 1918 zog hier die Stadtver-waltung ein und 1933 erwog Adolf Hitler, den berüchtigten „Tag von Potsdam" im Schloss zu inszenieren. Der Plan scheiterte an Platzman-gel. – Beinahe vergessen: Die Idee, der Stadt wieder ihr Herz zu schenken, stammt indirekt vom britischen Thronfolger Prinz Charles. „His Royal Highness" schickte 1995 seine Sommer-akademie junger Architekten nach Potsdam. Das Fazit: Fangt mit dem Fortunaportal an! TV-Moderator Günther Jauch stiftete die Baukosten für das Portal. Der Schlossneubau folgte – heute amtiert hier der Landtag von Brandenburg.

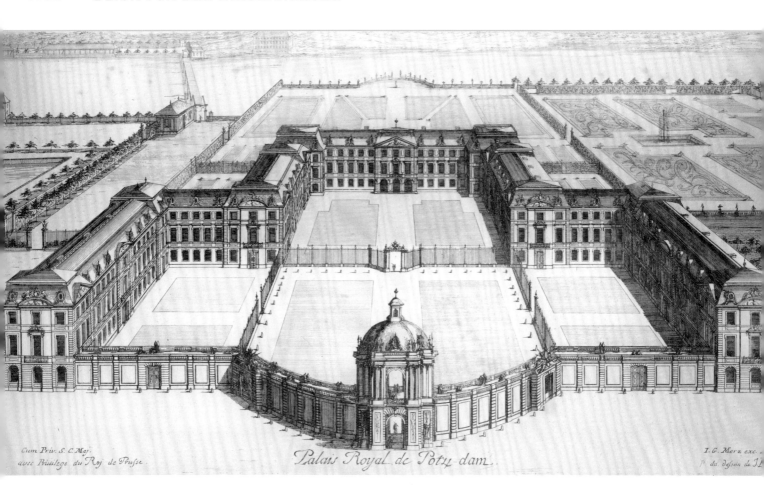

Cum Priv. S. C. Maj.
avec Privilege du Roj de Prusse.

Palais Royal de Potz-dam.

I. G. Merz exc.
P. du dessin de J.

VIEW FROM ST. NICOLAS CHURCH – *"The Royal Palace of Potzdam" writes the illustrator under his almost photographically exact work. The City Palace presents its full splendor of the early 18th century. In the background, the Pleasure Garden opens onto the Havel River. On the left, there is the first of many new constructions of the bridge Lange Brücke. The impressive courtyard is still separated by metal fences that were removed at a later date. We* *also see the new building from St. Nicolas Church. In the foreground, the cupola of the Fortuna Portal, on the right, one of the angels at the height of the dome of St. Nicolas Church. In the background the old GDR Interhotel (today "Mercure"). In the background at the top left, the former seat of the Brandenburg parliament on the hill Brauhausberg. On the banks of the Havel the new Speicherstadt, a former warehouse area, is developing.*

„Das Königliche Palais zu Potzdam" schreibt der Zeichner unter seine fast fotografisch exakte Arbeit: Zu Beginn des 18. Jahrhunderts präsentiert sich das Stadtschloss in seiner ganzen Großartigkeit: Im Hintergrund öffnet sich der Lustgarten zur Havel, links ist die Lange Brücke in ihrer damaligen Gestalt zu sehen – sie sollte noch oft neu gebaut werden. Der imposante Innenhof ist hier noch mit Metallzäunen abgeteilt, die später entfernt wurden. Auch der Blick auf den Neubau geht von der Nikolaikirche aus: Im Vordergrund die Kuppel des Fortunaportals, rechts eine der Engelsfiguren auf der Kuppelebene der Kirche. Im Hintergrund das alte DDR-Interhotel (heute „Mercure"), das das Ensemble empfindlich stört. Im Hintergrund links oben der bisherige Sitz des Landtags auf dem Brauhausberg. Am Havelufer wächst die neue Speicherstadt heran.

COURTYARD – *The inner courtyard of the City Palace, almost the 68 x 107-meter dimensions of a football field for international matches. In the 19th century the courtyard was still planted with ornamental trees and bushes. Before and even during World War II the Berlin Philharmonic Orchestra played at music festivals here. Today the impressive place is covered with turf. It is open to the public during the day. The white stripe in the middle makes orientation easier for the visually impaired. The plain stone benches disguise the ventilation shafts of the underground car park.*

Mit den Länderspiel-Maßen eines Fußballfeldes von 68 mal 107 Metern könnte der Innenhof des Stadtschlosses fast mithalten: Noch im 19. Jahrhundert war der Bereich mit Zierbäumen und dekorativen Sträuchern bepflanzt. Vor und selbst noch während des Zweiten Weltkriegs gaben hier die Berliner Philharmoniker unter Wilhelm Furtwängler bei Musikfestspielen Konzerte. Heute bedeckt Rollrasen die riesige Fläche, die tagsüber dem Publikum offensteht. Der weiße Mittelstrich soll sehbehinderten Mitbürgern die Orientierung erleichtern. Die schlichten, steinernen Bänke laden zum Ausruhen ein, dienen aber auch einem profanen Zweck: Sie verdecken die Lüftungsschächte der darunter befindlichen Tiefgarage für die Landtagsabgeordneten.

SOUTH FRONT – The "show" side of the Palace had lots of embellishments and decorating statues. The side towards the Pleasure Garden was also called the "garden front". The eye-catcher, however, was the gilded crown of the Hohenzollern below the roof. The carriages of the rulers stopped in front of the door in the middle of the relatively steep ramp. Here gouty Frederick the Great arrived and was escorted to his flat (top right) by his servants. The carefully restored and gilded crown of the Hohenzollern rescued from the ruins strikes the eye on the south front of the new building near the roof level. Unlike the former copper door, the new one has no muntins. The plenary hall of the State Parliament is directly behind it.

Mit viel Zierrat und figurativem Schmuck war die Schauseite (Südfront) des Schlosses zum Lustgarten hin – auch „Gartenfront" genannt – versehen: Blickfang war jedoch die vergoldete Hohenzollernkrone. Vor der Tür in der Mitte der verhältnismäßig steilen Rampe hielten die Kutschen der Herrschaften, hier fuhr der gichtkranke Friedrich vor und wurde von seinen Bediensteten in seine Gemächer (rechts oben) geleitet. An der Südfront des Neubaus fällt die aus den Trümmern geborgene, sorgfältig restaurierte und neu vergoldete Hohenzollernkrone am Dachfirst auch gleich wieder ins Auge. Die neue, kupfergetriebene Tür weist im Unterschied zu früher keine Sprossen auf. Direkt dahinter liegt der Plenarsaal des Landtags: Monarchen treten in dieses „Haus des Volkes" nicht mehr hinein – oder heraus.

EAGLE – *The side of the City Palace towards the Pleasure Garden was heavily damaged during a British air raid in the night from 14th to 15th April 1945. Nevertheless, the old picture shows very impressively the remnants of the Hohenzollern coat of arms with two so-called Fama statues, blackened by the phosphorous of the firebombs. The coat of arms was manufactured in the workshop of the goldsmith Kelly. It is made of refractory material, most likely bronze. Today the crown and coat of arms shine in new splendor. The two putti garland the Hohenzollern eagle with flowers. The statues hold the laurel wreath and the trumpet triumphantly in their hands for the victorious fanfare.*

Die Lustgartenseite des Stadtschlosses war bei dem britischen Bombenangriff in der Nacht vom 14./15. April 1945 besonders stark zerstört worden: Die Aufnahme vom Potsdamer Thilo Catenhusen aus den 1950er Jahren zeigt die Reste des Hohenzollernwappens mit zwei sogenannten Fama-Figuren, vom Rauch der Brandbomben geschwärzt. Das Wappen stammte aus der Werkstatt des Goldschmieds Kelly und war aus feuerfestem Material, vermutlich Bronze, gefertigt. Die ramponierten Figuren vermögen trotz ihrer abgeschlagenen Gliedmaßen noch den Betrachter zu beeindrucken. Heute erstrahlen Krone und Wappen wieder in altem Glanz: Zwei Putten bekränzen den Hohenzollern-Adler mit Blumen und die beiden Hauptfiguren, noch immer brandgeschwärzt, halten triumphierend den Lorbeerkranz und eine Trompete mit Siegesfanfare in ihren sandsteinernen Händen.

FORTUNA PORTAL – The Fortuna Portal and high politics: It is the year 1701. Elector Frederick III has crowned himself in Königsberg to become Frederick I "King in Prussia". That was reason enough to celebrate this act of Prussian self-exaltation with a representative building. The Dutch architect Jean de Bodt designed the portal. It was almost completely destroyed during the night of bombing from 14th to 15th April 1945. A donation by TV-host Günther Jauch made it possible to rebuild the portal, thus giving the impulse for political stakeholders to decide in favor of reconstructing the City Palace as the new seat of the Brandenburg Parliament. The portal was recreated based on historical pictures with the exact historical site measuring and ocher color.

Das Fortunaportal und die hohe Politik: Wir schreiben das Jahr 1701 – in Königsberg krönt sich Kurfürst Friedrich III. als Friedrich I. selbst zum „König in Preußen". Dieser Akt preußischer Selbsterhöhung sollte durch einen repräsentativen Bau manifestiert werden und so schuf der Holländer Jean de Bodt das Fortunaportal. In der Bombennacht des 14./15. April 1945 wurde es fast völlig zerstört. TV-Moderator Günther Jauch ermöglichte durch seine Spende den Wiederaufbau – und gab damit auch der Landesregierung den Anstoß, sich nach jahrelangem Hin und Her schließlich für den Wiederaufbau des Stadtschlosses als neues Landtagsgebäude zu entscheiden. Das Portal wurde nach historischen Aufnahmen in Aufmaß und Farbgebung originalgetreu rekonstruiert. Nun dreht sich Fortuna wieder malerisch im märkischen Wind – ein Denkmal weltweit berühmter „Potsdamer Baukunst".

STATUE OF FORTUNA *– The picture shows the statue of Fortuna at the entrance gate to the City Palace – apparently while it is being overhauled. It is 2.15 meters high and weighs about 250 kilos. The weighty goddess of fortune is made of fine rolled and gilded sheet copper. It moves with the wind. Originally it was planned to crown the portal designed by the ingenious Jean de Bodt with an eagle but eventually Fortuna triumphed as its figurehead. It should rule over Prussia, whose crown Elector Frederick III put on in Königsberg in 1701 as Frederick I and thus "King in Prussia". The new Fortuna presented itself again in a golden robe on 12 October 2002, fifty-five years after its destruction.*

Die Dame war nie ein leichtes Mädchen: Diese Aufnahme aus den 1930er Jahren zeigt die Figur der Fortuna vom Eingangstor des Stadtschlosses – offenkundig bei einer Überholung von Kopf bis Fuß. Sie misst 2,15 Meter in der Höhe und wiegt rund fünf Zentner, dennoch bewegt sie sich im Wind. Die gewichtige Glücksgöttin besteht aus fein gewalztem und anschließend vergoldetem Kupferblech. Das Portal des Architekten Jean de Bodt, der auch Schöpfer des Berliner Zeughauses ist, sollte ursprünglich ein Adler krönen, aber schließlich triumphierte Fortuna als Symbolfigur: Sie sollte gleichsam über Preußen herrschen, dessen Krone sich Kurfürst Friedrich III. als Friedrich I. und somit „König in Preußen" 1701 in Königsberg selbst aufsetzte. Die neue Fortuna erschien am 12. Oktober 2002, 55 Jahre nach ihrer Zerstörung, im goldenen Gewand wie eh und je und voll Anmut und Grazie wie zu Preußens Zeiten. Potsdam zum Glück. Im Hintergrund leuchtet das Kuppelkreuz von St. Nikolai.

„POTSDAM KANN SICH FREUEN"

Matthias Platzeck nannte ihn „einen Bürger, wie ihn sich jeder Bürgermeister wünscht!": Günther Jauch machte möglich, was erst – nach schmerzhaften Denkprozessen und Bürger-Befragungen – den Wiederaufbau des Stadtschlosses in Gang setzte: Er spendete Werbe-Honorare, um das Fortunaportal als repräsentativen Eingang zum Innenhof des Stadtschlosses wiedererstehen zu lassen. Seit gut zehn Jahren steht das Tor wieder für das klassische, weltweit bekannte Potsdam. Im Interview mit Hans-Rüdiger Karutz äußert sich der Fernsehmoderator über seine Eindrücke vom neuen Stadtschloss und seine Erwartungen, wie der Bau ein wahres „Schloss der Stadt" werden könnte.

Im Jahr 2000, bei den ersten Fundament-Grabungen für das Stadtschloss, haben Sie sinngemäß gesagt: Nun entsteht hier, was schon immer hierher gehört hat – das Schloss! Wie wirkt der fertige Bau auf Sie – einschließlich des Fortunaportals, das ohne Ihr Engagement nicht wieder errichtet worden wäre?

Ich bin über die äußere Form sehr glücklich. Die Kubatur samt Teilen der alten Fassade ist wirklich stimmig, und man spürt, welches fantastische Gespür so ein Mann wie Knobelsdorff schon damals hatte, was bis heute fortwirkt. Ich verstehe, dass man im Innern das Schloss nicht nachempfinden konnte und sollte. Der Landtag wird das Gebäude und hoffentlich auch die Innenstadt wieder mit Leben erfüllen.

Wie empfinden Sie die Farbigkeit des Neubaus, diese völlig neuen Perspektiven in der Potsdamer Mitte? Glauben Sie, dass es gelingt, Potsdams Herz fast 70 Jahre nach der Vernichtung wieder schlagen zu lassen?

Der Anblick erfüllt mich mit Freude. Jahrelang habe ich Freunde und Bekannte, die Potsdam nicht kannten, über die Brache in der Potsdamer Mitte geführt. Dieses entsetzlich unbehauste Gefühl, das alle überfiel, war auch ein Antrieb für mich, das Fortunaportal wieder aufzubauen. Das Loch in der Mitte blieb damit fast genauso groß, aber das Portal war ein deutliches steinernes Fragezeichen. Jetzt ahnte jeder, dass da einmal etwas Großes und Großartiges stand und der Vollendung harrte. Nun ist es endlich soweit, und Berlin beneidet uns mit Recht. Potsdam hat sein Schloss in der Mitte wieder – in Berlin wird das noch dauern.

Was muss geschehen, damit die Potsdamer selbst – und damit auch Sie als Potsdamer Bürger – das Schloss annehmen können? Sollte es weitgehend für jedermann zugänglich sein oder als Parlamentsgebäude à la Reichstag nur eingeschränkt „begehbar"?

Ich wünsche mir natürlich eine weitestgehende Begehbarkeit für die Öffentlichkeit. Da wird man Kompromisse machen müssen. Aber dieses Gebäude darf nicht nur Politikern und ihrem Gefolge zugänglich sein. Es muss allen gehören, und die Politik würde davon profitieren, dass das Bauwerk heute ein Wahrzeichen der Demokratie und nicht der Monarchie ist.

Erwarten Sie durch den Schloss-Neubau einen neuen Tourismus-Boom für Potsdam, oder muss erst die gesamte „Landschaft" rund um das Schloss neu belebt werden?

Ein Anfang ist gemacht. Das wichtigste Gebäude des Alten Markts ist wieder da. Dank Hasso Plattner, dem der Schlossbau mit der historischen Fassade überhaupt nur zu verdanken ist, wird auch der Palast Barberini ein architektonisches Schmuckstück mit einer grandiosen Bildersammlung im Innern werden. Potsdam kann sich freuen.

"POTSDAM CAN LOOK FORWARD TO IT"

Matthias Platzeck called him „a citizen that every major wishes for". Günther Jauch made possible what prompted, after long deliberations and citizens' surveys, the reconstruction of the City Palace. He donated money he received for his appearance in advertisements to recreate the Fortuna Portal as the prestigious entrance to the courtyard of the City Palace. For almost ten years the portal has been again a synonym for classical, world-famous Potsdam. In an interview with Hans-Rüdiger Karutz, the TV-host speaks about his impressions of the new City Palace and his expectations on how the building can become a "Palace of the City".

You said in 2000, during the initial excavation work for the foundation of the City Palace, that something would be recreated there that had always belonged to this city – the Palace! What is your impression of the finished building and of the Fortuna Portal, which would have never been erected without your commitment?

I am very happy with the external design. The cubature of the building and the parts of the old façade have been harmoniously combined, and we can clearly sense the fantastic intuition that a man like Knobelsdorff had even such a long time ago, which we can still sense. I understand that you could not and should not recapture the design of the old palace inside the building. The Parliament will fill the building with life and hopefully the city center, too.

How do you feel about the color of the new building and the completely new perspectives in the middle of Potsdam? Do you think it will be possible to make Potsdam's heart beat again almost 70 years after its destruction?

The sight of it fills me with joy. For years I took friends and acquaintances unfamiliar with Potsdam through the wasteland in the middle of the city. The awful feeling of a certain homelessness that overcame you there also strongly motivated me to rebuild the Fortuna Portal. The hole in the middle of the city remained almost as big but the Portal was a clear question mark in stone. Everyone could imagine that there had been something really big and outstanding in this place waiting for its completion. Finally the time has come, and Berlin is right to envy us. Potsdam has got back its Palace in the middle of the city – in Berlin it will still take some time.

What has to happen so that Potsdam's inhabitants, including you as a Potsdam citizen, can embrace the Palace? Should it be largely open to the public or accessible like a parliament building à la Reichstag?

Of course, I would wish to have a building as accessible to the general public as possible. However, you will have to compromise. Nevertheless, the building should not only be open to politicians and their entourage. It belongs to everyone, and political stakeholders would benefit from making this building a landmark of democracy rather than monarchy.

Do you expect a new tourism boom for Potsdam as a result of the new Palace, or do we first need to revive the whole "landscape" around it?

A start has been made. The most important building at the Old Market has returned. Thanks to Hasso Plattner, to whom we actually owe the palace building with its historical façade, Palace Barberini will become an architectural gem with a magnificent collection of pictures. Potsdam can look forward to it.

EASTERN FAÇADE – A view of the mighty City Palace and the colonnade at the end of the Pleasure Garden (later destroyed during the air raid in April 1945). You seem to hear how the good old tram rumbles and squeaks around the corner – beneath the flat of the Old Fritz on the first floor of the southeastern corner of the Palace. Just a few meters away stands the enclosed "petition linden tree", where citizens seeking help met beneath the royal study to hand over their petitions. The monarch sent his valet, or so they say, downstairs to the street. He accepted the letters for the king who was in a merciful mood most of the time.

Das trutzige Stadtschloss und die zum Lustgarten hin abschließende (beim Bombenangriff vom April 1945 zerstörte) Kolonnade: Man hört gleichsam, wie die gute alte Straßenbahn heranpoltert und quietschend um die Ecke biegt – unterhalb der Wohnung des Alten Fritz im ersten Stock an der Südostecke des Schlosses. Wenige Meter davor steht die eingefriedete Bittschriftenlinde: Anlaufstelle für hilfesuchende Bürger, die sich unterhalb des königlichen Arbeitszimmers einfinden konnten, um ihre Petitionen abzugeben. Der Monarch schickte dann, so heißt es, seinen Kammerdiener auf die Straße, der die Schreiben für den meist gnädig gestimmten König an sich nahm. Die heutige Situation zeigt sich prosaischer: Noch befindet sich die neue, von Baumschul-Chef Dieter Lorberg gestiftete Linde nicht an Ort und Stelle. Sie wird später ihren historischen Platz etwa in Höhe der hier sichtbaren Absperrungen nahe der Südost-Fassade des Landtags finden. Die Schienen laufen heute in Höhe des Plenarsaales (links) durch den ehemaligen Lustgarten.

GARDEN SIDE– The former Pleasure Garden in front of the City Palace: In the style of the time, Johann Friedrich Meyer painted this scene in 1773. The place was picturesquely situated along the Havel River. The Old Fritz and his successor used the course for military drilling and parades of the guards. In the background, on the right, you can see one of the many so-called long bridges that were built over the centuries to enable crossing the river. The historical Pleasure Garden is long gone. Nevertheless, the south side of the Brandenburg Parliament Palace is resplendent. On the left you can see the Silesian crown on the beams of the roof, symbol of victorious Prussia after the Seven Years War.

Der Lustgarten vor dem Stadtschloss: Im Stil der Zeit malte Johann Friedrich Meyer 1773 diese Szene. Der Alte Fritz und seine Nachfolger nahmen den malerisch zur Havel hin gelegenen Parcours für das Exerzieren und Paradieren der Garden in Anspruch. Über allem aber liegt eher ein bürgerlicher Friede. Im Hintergrund rechts ist eine der vielen im Laufe der Jahrhunderte gebauten Langen Brücken zu sehen, die den Havelübergang ermöglichten. Heute ist der historische Lustgarten längst verschwunden, die Breite Straße samt Hotelbau noch immer ein Einschnitt in die alte Stadtlandschaft. Die Südseite des Landtagsschlosses prangt dennoch dominierend. Links ist die schlesische Krone am Dachgebälk erkennbar, Sinnbild für das siegreiche Preußen nach dem Siebenjährigen Krieg. An der Westseite der Fassade steht der im Rahmen des Wettbewerbs „Kunst am Bau" dort angebrachte provozierende Spruch „Ceci n'est pas un chateau" (Dies ist kein Schloss). Nein, kein Schloss – ein Parlament!

VIEW FROM BRAUHAUSBERG – The rural scene in the foreground of this painting by Johann Friedrich Meyer (1772) shows the ambience of the time. In the background the City Palace and to the north, the building preceding the neo-classical St. Nicolas Church later built by Schinkel. On the right you can see the town hall. On the left is the Garrison Church, which was partly destroyed in 1945 and later blown up by order of the SED leadership. In 2014 the church tower will be rebuilt. The current picture illustrates how much the center of Potsdam is dominated by the new Brandenburg Parliament Palace.

Eine der berühmten Ansichten Potsdams – der Blick vom Brauhausberg (wo bisher der Landtag arbeitete) auf die Stadt und ihr Schloss: Ein „point de vue" wie er im Buche steht – die Schäferszene im Vordergrund des Gemäldes von Johann Friedrich Meyer (1772) zeigt das Ambiente der Zeit. Im Hintergrund erhebt sich das Stadtschloss, im Norden benachbart vom Vorgängerbau der späteren klassizistischen Nikolaikirche Schinkels. Rechts ist das Rathaus erkennbar, links die 1945 halb zerstörte und später auf Befehl der SED-Spitze gesprengte Garnisonkirche. 2014 soll der Wiederaufbau des Turms dieser durch den „Tag von Potsdam" berühmt-berüchtigten Kirche beginnen (Handschlag zwischen Hindenburg und Hitler am 21. März 1933). Das aktuelle Bild demonstriert, wie stark das neue Landtagsschloss die Mitte Potsdams beherrscht – und zeigt zugleich, wie das frühere DDR-Interhotel (heute „Mercure") die Sichtachsen an diesem zentralen Ort stört. Die grandiose Kuppel von Schinkels Nikolaikirche überragt alles.

VIEW ACROSS THE HAVEL – A pitiful sight: It is late autumn 1959 and the facades of the Palace – here the 123-meter-long eastern front – brave the weather. Despite the damage from the bombing in April 1945, rebuilding it would have been possible. Herbert Posmyk, at that time engineer for the nationally owned company for construction planning, showed civil courage. "Together with some colleagues we protested against the planned demolition." Posmyk took photos with his Exakta Varex camera and recorded meticulously the blasting and demolition. Fifty-three years later Posmyk took his photographic equipment again, went to the same place as in 1959 (on the western bank of the Friendship Island) and took photos of the new miracle of Potsdam.

Ein Anblick zum Weinen: Spätherbst 1959, die Fassaden des Schlosses – hier die 123 Meter lange Ostfassade. Trotz der Bombenschäden vom April 1945 ist das Gebäude noch wiederaufbaufähig. Herbert Posmyk (links auf dem Foto), damals 30 Jahre alt und Ingenieur im VEB Hochbauplanung, bewies Mut und Zivilcourage: „Gemeinsam mit anderen Kollegen haben wir gegen den geplanten Abriss protestiert, Telegramme an den damaligen DDR-Präsidenten Pieck und an die Akademien der Künste in Moskau und Paris geschickt." SED-Funktionäre bedrohten die Abriss-Gegner: „Wir bringen Sie zum Schweigen!" Posmyk fotografierte mit seiner Exakta Varex minutiös Sprengungen und Abriss: „Oft am frühen Sonntagmorgen, damit niemand etwas mitbekam", erinnert er sich. 53 Jahre später nahm Posmyk abermals seine Ausrüstung zur Hand, suchte denselben Standort wie 1959 (auf dem Westufer der Freundschaftsinsel) – und fotografierte das neue Wunder von Potsdam: Und wieder spiegelt sich das Schloss im Havelwasser...

PANORAMA – *The City Palace-building lot in 2011. The photos are offering a great view. The refurbished town hall with its characteristic Atlas (having survived the air raid of 1945 along with the globe) is home to the Potsdam Museum. The dilapidated technical college (left) has been condemned. The Church of St. Nicolas was restored as late as 1981. The money came from Bonn and was entrusted to the Evangelical churches of the GDR. The panoramic view shows not only the mighty City Palace with its copper roof, the Fortuna Portal in the background, but also the obelisk and the construction site of the future Palace Barberini including the Palace Hotel (right).*

Nur wenige Maschinen sind am 18. Januar 2011 auf der Baustelle am Werk. Stolz erstreckt sich dort dieser Tage das prachtvolle Stadtschloss. Das renovierte Rathaus mit der charakteristischen Atlasfigur (sie überstand samt Weltkugel den Bombenangriff von 1945) beherbergt das Potsdam-Museum. Die marode Fachhochschule (links) steht auf der Abrissliste. Die Nikolaikirche wurde bis 1981 mit Bonner Geldern zu Händen der evangelischen DDR-Kirchen restauriert. Der heutige Panoramablick zeigt neben dem kupfergedeckten Stadtschloss und dem Fortunaportal im Hintergrund zudem den Obelisken sowie die Baustelle des künftigen Palais Barberini samt Palasthotel (rechts).

LANGE BRÜCKE – The bridge Lange Brücke has always been the access path to the prominent buildings of Potsdam. The local fishermen landed their catches opposite the City Palace at the arm of the Havel River "Alten Fahrt" and sold it on the spot. The bridge itself is so narrow that only one team of horses and cart could pass it at a time. Today an easy-care metal lattice limits the sidewalks. Construction will not stop after the Palace is completed. The area at the western bank of the Havel will be revived with a replica of the Palace Barberini and other freestanding buildings. The building owner of the Palace Barberini Hasso Plattner will enrich it with his art collection.

Von jeher bildete die Lange Brücke den Zugang zu den prominenten Potsdamer Bauten: Stadtschloss, Nikolaikirche und Garnisonkirche (links ragt der Turm hervor). Der Nachkriegs-Neubau liegt etwas versetzt von der Position auf diesem Kupferstich von 1855. Die einheimischen Fischer landeten gegenüber vom Stadtschloss am Havelarm der „Alten Fahrt" ihren Fang an und verkauften in der Regel an Ort und Stelle, was die Havel (sauberer als heute!) hergab. Die Brücke selbst war so schmal, dass jeweils nur ein Gespann passieren konnte. Die kunstvollen Seitengitter sind längst verschwunden, heute begrenzt ein pflegeleichtes Metallgitter die Gehwege der Langen Brücke. Das Baugeschehen an diesem zentralen Punkt der Stadt ruht auch nach der Fertigstellung des Stadtschlosses nicht: Das gesamte Areal am westlichen Havelufer neben der Ostfassade des Schlosses soll mit verschiedenen Solitär-Bauten wiederbelebt werden, darunter ein Nachbau des „Palais Barberini" (rechts, in Richtung Rathaus gelegen), das die Kunstsammlung des Bauherrn Hasso Plattner beherbergen wird.

WESTERN FRONT BUILDING – The western front building of the Palace stood somehow lost after the night of bombing in April 1945. The flat of the young Queen Louise extended to here through the northern part of the western façade. Fortunately, it was possible to recover the components of the four columns, the central part of the paneled ceiling and a large part of the gable beams from the ruins. The impressive picture shows how the parts were salvaged. The SED leadership however forbade comprehensive rescue measures. Today we can see the traces of war on the four columns of the portico, which remind us of their history. The relief with numerous figures displays it former grandeur. Only three figures from the roof are missing – so far.

Nach der Bombennacht im April 1945 stand der westliche Kopfbau des Schlosses wie verloren: Bis hierher erstreckte sich, durch die nördliche Westfassade hindurch, die Wohnung der jungen Königin Luise. Glücklicherweise gelang es, aus den Trümmern die Werkstücke aller vier Säulen, den Mittelteil der Kassettendecke und einen großen Teil des Giebelgebälks zu bergen. Auf der eindrucksvollen Aufnahme von Herbert Posmyk, der seinerzeit als junger Statiker mit anderen Kollegen gegen den Abriss protestierte, sind Bergungsarbeiten zu erkennen (Gerüste im Hintergrund). Die SED-Führung verbot jedoch durchgreifende Rettungsmaßnahmen. Ironie der Geschichte: Die Abrissgegner mussten sich ausgerechnet im Plenarsaal der bisher vom Landtag genutzten ehemaligen SED-Bezirksleitung verantworten. Heute sind die Kriegsspuren an den vier Säulen des Portikus noch erkennbar, als bewusste Erinnerung an die Historie. Das Relief mit zahlreichen Figuren erstrahlt wieder in alter Schönheit. Nur die drei Dachfiguren fehlen – noch.

TRACES OF THE WAR – *The inferno of the night of the bombing viewed through a camera. Max Baur took a photo of the west side of the City Palace that shows both chaos and the will to survive. In the foreground on the left is the western front building with the four columns (that have been rebuilt) and the relief on the roof that was preserved as well. We see it from today's Steubenplatz with the bronze monument of Friedrich-Wilhelm von Steuben, the Magdeburg general. The tracks of the narrow gauge railway (in the foreground) symbolize the determination to rebuild the city after the war. The demolition of the palace ruin was not bound to happen at all but was a political decision of the SED leadership.*

Apokalypse Now – das Inferno der Bombennacht im Spiegel einer Kamera: Eindringlicher und gefühlvoller als er – ein Bild-Künstler im Sinne des Wortes – dokumentierte niemand das Entsetzen, das der sinnlose Angriff auf Potsdam in der Nacht vom 14. auf den 15. April 1945 auslöste: Max Baur, Potsdams berühmtester Fotograf, nahm in dieser Studie von Chaos und Überlebenswillen die Westseite des Stadtschlosses auf. Vorn links der westliche Kopfbau mit den erhaltenen (und heute wieder aufgerichteten) vier

Säulen samt dem ebenfalls erhaltenen Dachrelief. Die Blickrichtung geht vom heutigen Steubenplatz aus mit dem Bronze-Denkmal für Friedrich-Wilhelm von Steuben, den Magdeburger General und späteren „drillmaster" der jungen amerikanischen Armee. Die ausgelegten Schienen der Trümmerbahn im Vordergrund demonstrieren den Aufbauwillen nach dem Krieg. Der Abriss der Schloss-Ruine war keineswegs zwingend, sondern eine politische Entscheidung der SED-Führung.

PETITION LINDEN TREE – *Even during his lifetime the Old Fritz was a master of public relations. Here you see him taking the petitions of his subjects at the "Petition Linden Tree" that stood in front of his study in the City Palace. This was actually done by his valet when citizens came together at the linden tree. Although heavily hit, the tree with its long tradition survived the war. Then fanatic members of the youth organization FDJ sawed it one night in 1949 because of its "Prussian heritage". The entrepreneur Dieter Lorberg donated a decorative substitute in 1993 on the occasion of Potsdam's millennial celebration in 1993. The "tilia cordata, type Lorberg" is growing on the company's premises and will be taken back to its original location on a flatbed truck in 2014.*

Der Alte Fritz mit Dreispitz und Zierdegen, wie er im Buche steht: Er war schon zu Lebzeiten ein Meister der PR-Kunst – hier nimmt er vor der Bittschriftenlinde unterhalb seines Arbeitszimmers im Stadtschloss die Eingaben von Untertanen entgegen: Tatsächlich tat dies sein Kammerdiener, wenn sich Bürger vor der Linde versammelten. Der historische Baum überstand, schwer getroffen, sogar den Krieg, bevor fanatische FDJ-Mitglieder ihn 1949 wegen seines „Preußentums" eines Nachts zersägten. Unternehmer Dieter Lorberg (rechts auf dem Foto), Spross einer der ältesten Baumschul-Familien Deutschlands, spendete 1993 zur 1000-Jahr-Feier Potsdams schmucken Ersatz: „Ich bin ein Preußen-Freund", begründete er seinen honorigen Schritt. Nun wächst die „Tilia cordata, Typ Lorberg" auf dem Firmensitz westlich von Potsdam heran und ist mittlerweile schon fast neun Meter hoch, bei 70 Zentimeter Stammumfang. Die Linde soll 2014 per Tieflader an den alten Standort gelangen. „Sie braucht zwei bis drei Jahre, bis sie sich in voller Pracht zeigt", kündigt der Spender an.

RINGER COLONNADE – *The men are wrestling as if their (sandstone) lives depend on it. We are talking about the Ringer Colonnade, a colonnade with statues of wrestlers. Once the slender columns formed the connection between the Royal Stables (Film Museum) and the western wing of the City Palace. Today's Steubenplatz is close-by. When the city councilors decided to demolish the Palace under pressure by SED leader Walter Ulbricht in November 1959, at least a part of the Ringer Colonnade was saved. After it had been moved elsewhere in the Pleasure Garden the colonnade finally found its place at the Potsdam harbor near the Neptune Fountain.*

Die Herren ringen, als ginge es um ihr sandsteinernes Leben: Sie sind natürlich nackt, denn wir sind in der Antike! Die Rede ist von der Ringer-Kolonnade, einst das auf schlanken Säulen ruhende Verbindungsstück zwischen Marstall (heute Filmmuseum) und dem Westflügel des Stadtschlosses. Der heutige Steubenplatz liegt ganz in der Nähe. Als im November 1959 die Stadtverordneten, nicht ohne Gegenstimmen, auf Druck von SED-Chef Walter Ulbricht persönlich für den Abriss des Schlosses stimmten, bewahrte man wenigstens ein Teilstück der Ringer-Kolonnade vor der Spitzhacke. Sie war aus der Bombennacht des 14. April 1945 halbwegs heil hervorgegangen. Nach einem Irrweg durch den halben Lustgarten bekam das Fragment schließlich einen Platz am Potsdamer Hafen nahe dem Neptunbrunnen. Die Figuren nach Entwürfen des Schlossarchitekten von Knobelsdorff selbst stehen somit heute ziemlich im Abseits. Es gibt Pläne, die Ringer – wenigstens zum Teil – wieder an ihren alten Ort zu bringen. Vorerst befinden sie sich weiterhin in einer Art Dornröschenschlaf. Und träumen vom Sieg…

STAIRCASE WITH ANGELS – *One of the loveliest details was in an alcove of the western façade. Nine gilded statues of angels adorned the richly decorated staircase railing from Frederician time. The king himself dedicated a lot of attention to this gem and drew a freehand sketch. The annex was called "Banner Staircase" because the stairs led to a gallery with the banners of the Prussian guards. "Angels Staircase" is an established name for it, too, because the cute golden putti from the workshop of the famous sculptor Friedrich Christian Glume danced like real angels on the railing. Frederick himself decided that the banister should be cast from bronze and not from iron. He gave the order that Master Bock gild it. Two of the nine putti were salvaged during and after the war. Five are still existent in fragments.*

Eines der liebenswertesten Details des Stadtschlosses befand sich in einer Nische der Westfassade: Neun vergoldete Engelsfiguren – ganz allerliebst in ihren graziösen, anmutigen Bewegungen – schmückten das reich verzierte Treppengeländer aus friderizianischer Zeit. Der König selbst widmete sich diesem Kleinod und zeichnete eine Handskizze. Der Anbau hieß „Fahnentreppe", weil die Stufen zu einer Galerie führten, in der die Fahnen der preußischen Garden hingen. Auch der Begriff „Engelstreppe" ist verbürgt, eben weil die goldigen Putti aus der Werkstatt des berühmten Friedrich Christian Glume als wahre Engel auf der Brüstung tanzten. Friedrich selbst entschied, das Geländer nicht aus Eisen, sondern aus Bronze gießen zu lassen. Er ordnete auch an, die Vergoldung durch Meister Bock vornehmen zu lassen. Über Krieg und Nachkrieg konnten zwei der neun Putti gerettet werden, fünf sind als Fragmente erhalten, aber der Schloss-Neubau kommt ohne ihre Rekonstruktion aus. Auch das neue Geländer demonstriert den Verzicht auf Glanz und Gloria eindrücklich.

PERCENT FOR ART – Every Potsdam citizen knows her and many have stroked her stone foot. The statue had been in front of the so-called Havel Colonnades that formed the end of the Pleasure Garden towards the Long Bridge and no longer exists. The columns continued to the southeastern corner of Palace and left a wide pathway to the sandy Pleasure Garden. The small putto holds a fish from the Havel symbolically in its hands. The winning design of "Percent for Art" for the Palace presents modern sculptures. Florian Dombois designed two walkable "illusionist pavilions" that take up the contours of the center oval of Sanssouci Palace. Now they are to be placed in the inner courtyard.

Scharen von Touristen sahen einst diese Dame auf der historischen Aufnahme, jeder Potsdamer kannte sie, und mancher strich ihr über den steinernen Fuß: Die Figur befand sich vor der sogenannten „Havel-Kolonnade", die den Lustgarten zur Langen Brücke hin abschloss und heute nicht mehr existiert. Die Säulen reichten bis zur Südostecke des Schlosses und ließen einen breiten Fußweg zum sandigen Lustgarten hin frei: Die kleine Puttenfigur hält symbolisch einen Havelfisch in den Händen. Es ist das Tor, durch das Richard von Weizsäcker als junger Leutnant 1945, aus seiner Kaserne am Lustgarten kommend, zum Bahnhof ging, um nach Berlin zu fahren – wenige Stunden vor dem Bombenangriff. Bis in die Hauptstadt reichte nachts der Feuerschein der Potsdamer Bombennacht. Als moderne Plastik präsentiert sich heute der Siegerentwurf des Wettbewerbs „Kunst am Bau" für das Schloss: Florian Dombois (rechtes Foto) schuf zwei begehbare „illusionistische" Pavillons, die die Umrisse des Mittelovals von Schloss Sanssouci aufnehmen. Zukünftig sollen sie im Innenhof stehen.

PLEASURE GARDEN – *A classical view of the Palace from the southern side with the visible ramp ("Green Staircase"). Lombardy poplars encircle the Neptune fountain with its once-gilded figures dating back to the time of Frederick II. They were planted at the time of Queen Louise. In the background, on the left side, you can see the Ringer Colonnade that once connected the Royal Stables and the western façade of the Palace. To the far right, the statue of Atlas on the town hall holding the gilded globe appears behind the eastern palace façade.*

Es scheint, als throne die Nikolaikirche des genialen Karl Friedrich Schinkel über dem Stadtschloss – aber sie überragt es nur: Eine klassische Ansicht des Schlosses von Süden, der sogenannten Gartenseite, mit der deutlich sichtbaren Rampe („Grüne Treppe"). Rund um den Neptunbrunnen mit seinen auf Friedrich II. zurückgehenden (und früher vergoldeten) Figuren ragen Säulenpappeln auf, gepflanzt zur Zeit der Königin Luise. Ganz rechts lugt hinter der Ostfassade die Atlas-Figur des Rathauses hervor, mitsamt der vergoldeten Weltkugel. Links im Mittelgrund auf dem Jetzt-Foto ist die Ringer-Kolonnade erkennbar, die einst Marstall und Westfassade des Schlosses miteinander verband. Heute macht das Ensemble im südlichen Teil des ehemaligen Lustgartens noch keinen vollendeten Eindruck: Die fehlenden Figuren im Neptunbecken sind nur durch Metall-Installationen angedeutet: Neptun und seine Gesellen brauchen noch viel Zuwendung und Sponsorengelder.

NEPTUNE FOUNTAIN – *The Pleasure Garden is part of the City Palace ensemble. The grounds are situated between the garden façade of the Palace and the Havel River. The picture shows Neptune and his friends during their complete refurbishment. Over the past centuries, the City Palace has got its character as the center of Potsdam due to its integration into an artistically (but in fact also artificially) designed landscape between the Palace and the Havel. The green between the Palace and the river has always been considered an opposite pole to the Pleasure Garden in front of the Palace, which was used for military and official purposes. The parades of William II took place here until the beginning of the disastrous World War I.*

Das Gelände des ehemaligen Lustgartens erstreckt sich zwischen der Gartenfassade des Landtagsschlosses bis hin zur Havel. Das Bild zeigt Neptun und seine Freunde in einer Phase der Generalüberholung – Planen und Gerüste sprechen für sich. Das Stadtschloss als Zentrum Potsdams lebte in den vergangenen Jahrhunderten immer davon, dass es in eine künstlerisch (und dabei durchaus auch künstlich) gestaltete Landschaft zwischen Schloss und Havel eingebunden war. Das Grün zwischen Schloss und Fluss galt stets als Gegenpol zum militärisch-offiziell genutzten Lustgarten vor dem Schloss. Dort fanden bis zum Beginn des verhängnisvollen Ersten Weltkriegs die Paraden von Wilhelm II. statt – in Erinnerung bleibt die letzte Friedensparade von 1913, bevor Europa im Kriegsgeschehen versank.... Heute symbolisieren aus Metall geformte Silhouetten der einstigen Figuren des Neptunteich-Ensembles, was Preußens Herrscher mit dieser Figurengruppe meinten: Das Wasser als Verzauberung des Ortes...

FORTUNA GATE IN RUINS – *Although slammed to a skeleton the contours are still clearly visible. The Fortuna Portal designed by the architect Jean de Bodt as the southern gateway to the City Palace – a photo taken by Herbert Posmyk at the end of the 1950s, shortly before the blasting. On the left side of the Fortuna Portal there is the white marble obelisk. Above the portal you can see Atlas with the gilded globe – a landmark of Potsdam's town-hall that was also hit by bombs. The western head of the City Palace presents itself in the old proportions again although with the four original columns blackened by the grime of the bomb night.*

Zum Skelett niedergemacht, aber dennoch in seinen Umrissen deutlich erkennbar: Das Fortunaportal des Architekten Jean de Bodt, errichtet als südliche Pforte zum Stadtschloss – aufgenommen von Herbert Posmyk am Ende der 1950er Jahre, kurz vor der Sprengung. Im Vordergrund sind offenkundig wenig professionelle Abräum-Helfer zu sehen, die sich mit Spitzhacke – aber auch mit bloßen Händen – über die Trümmer hermachen. Links vom Fortunaportal steht der weiße, marmorne Obelisk – über dem Portal ist als Wahrzeichen des ebenfalls von Bomben getroffenen Potsdamer Rathauses die Atlasfigur mit dem vergoldeten Globus zu erkennen. Im Vordergrund bemühen sich Bagger, die Schutt- und Trümmerberge abzuräumen. Ein Lastwagenanhänger nimmt Steine auf – insgesamt eine absurde Szenerie von Improvisation und Ungewissheit. Heute präsentiert sich der Westkopf des Stadtschlosses wieder in den alten Proportionen und mit vier originalen, vom Ruß der Bombennacht geschwärzten Säulen.

FROM YESTERDAY TO THESE DAYS – *The force of destruction in the Potsdam bomb night documented more emphatically than this picture of the Potsdam master photographer Max Baur barely a time document: it was formed a few months after the destruction of the city. On the right there is the almost completely destroyed Fortuna Portal. Behind the remnants of the Portal St. Nicolas Church stands out. The dome is almost completely destroyed because the Red Army smashed the roof from Babelsberg when Potsdam was declared a fortress. On the left, the viewer can see the devastated western front building and in the background the former Kaiserstrasse and the tower of St. Peter and Paul.*

Die Gewalt der Zerstörung in der Potsdamer Bombenacht dokumentiert kaum ein Zeitdokument nachdrücklicher als dieses Bild des Potsdamer Meisterfotografen Max Baur: Es entstand wenige Monate nach der Bombardierung der Innenstadt. Rechterhand ist das fast völlig vernichtete Fortunaportal zu erkennen. Hinter der Ruine ragt die zertrümmerte Kuppel der Nikolaikirche hervor. Die Rote Armee hatte bei ihrem Angriff auf die zur Festung erklärte Stadt von der Babelsberger Seite aus das Kuppeldach zerschossen – weil dort ein Artilleriebeobachter der Wehrmacht stationiert worden war. Links erkennt der Betrachter die Reste des westlichen Kopfbaus des Stadtschlosses, im Hintergrund die ehemalige Kaiserstraße und den Turm von St. Peter und Paul. Fast siebzig Jahre nach dem Angriff auf die Potsdamer Innenstadt präsentiert sich das Stadtschloss nun wieder in altem Glanz und mit neuer, leuchtender Fassade.

VIEW IN THE COURTYARD – *Summer idyll in the courtyard of the Palace. The entrance portal boasts rich ornamentation placed on the middle floor and the four pillars in 1701. The borders of flowers have disappeared. On the right, the front building of the eastern wing. Until the beginning of the 19th century there was a theatre hall. In the background from the left: the cupola of the St. Nicolas Church and the tower of the town hall with Atlas supporting the globe. The road pavement of old-fashioned red stone that, arranged diagonally, goes very well with the vivid color of the turf. The courtyard remains open to the public till the evening.*

Sommerliche Idylle zur Kaiserzeit im Innenhof des Schlosses: Eine Gouvernante kommt mit ihrem Zögling an der Hand aus Richtung Fortunaportal. Das Eingangsportal prunkt mit dem reichen Zierrat, der nach 1701 im Mittelgeschoss und auf den vier Pfeilern angebracht wurde. Und die drei Herren von der Schlosswache (links) schauen interessiert in Richtung des Fotografen, der gewiss mit seiner schweren Plattenkamera unterwegs ist. Die Blumenrabatten sind heute verschwunden. Rechts ist der Kopfbau des Ostflügels zu sehen, in dem sich bis Anfang des 19. Jahrhunderts ein Theatersaal befand. Im Hintergrund: Die Kuppel der Nikolaikirche und der Turm des Rathauses mit dem Atlas. Auf dem aktuellen Bild machen sich neben dem kräftigen Grün des Rasens die rötlichen Pflastersteine samt Europa-, Deutschland- und Brandenburg-Flagge gut. Der Hof selbst bleibt bis in den Abend für das Publikum zugänglich.

OLD MARKET – A lively rococo scene painted by Johann Friedrich Meyer in 1772. On the left side of the Palace's eastern front building was a theatre until Frederick William III, husband of Queen Louise, converted it into an apartment. After 1918 the city councilors of Potsdam made it their venue.

Knobelsdorff's obelisk bore the medallions of Prussian rulers (which were replaced by portraits of architects during GDR times). On the right, a section of the building preceding Schinkel's St. Nicolas Church. Although a place for cheerful market bustle before the war, the square presents itself rather dully.

Kutschen rollen, die Damen flanieren kokett mit Schirmchen, Händler ziehen ihre Karren: Eine lebhafte Rokoko-Szene, 1772 – zu Regierungszeiten des Alten Fritz – von Johann Friedrich Meyer in hellen Tönen auf die Leinwand gebracht. Links im östlichen Kopfbau des Schlosses befand sich das Theater, bis Friedrich Wilhelm III., Luises Ehemann, den Raum zu Wohnungen umbaute. Nach 1918 wiederum machten die Potsdamer Stadtverordneten daraus ihre Tagungsstätte. Knobelsdorffs Obelisk trug die Medaillons preußischer Herrscher (zu DDR-Zeiten durch Porträts berühmter Baumeister ersetzt). Rechts im Anschnitt ist der Vorgängerbau von Schinkels Nikolaikirche zu sehen. Heute wirkt der Platz, der vor dem Krieg noch Stätte fröhlichen Markttreibens war, eher trist. Die blätternde Fassade der Fachhochschule aus DDR-Zeiten (rechts) ist ein ästhetisches Ärgernis: Der Alte Markt braucht neue Ideen. Ganz links ragt das alte Reichsarchiv auf dem Brauhausberg hervor, bislang Sitz des nun ins neue Stadtschloss umgezogenen Landtags.

OLD TOWN-HALL – The Old Town-Hall, which is now Potsdam's city museum, presents the long-held dream of the Old Fritz to have a picturesque "piazza". After Sanssouci and the City Palace were completed, Frederick II set about designing the Old Market like a square à la Rome. The King looked for ideas in Italy and finally found them in the designs of the famous Renaissance master builder Andrea Palladio. He had drafted a façade with eight columns for the "Palazzo Angarano" in Vicenza that was modelled in Potsdam almost in its full size. The idea to enthrone an Atlas statue on the cupola came from Amsterdam. The gilded muscle man balances an also gilded globe.

Bella Italia lässt grüßen: Das Alte Rathaus, heute Stadtmuseum, verkörpert den immer wieder neuen Traum des Alten Fritz von einer malerischen „Piazza". Als Schloss Sanssouci und auch das Stadtschloss fertiggestellt waren, ging Friedrich II. daran, den Alten Markt in italienischem Stil umzugestalten. Auf der Suche nach Anregungen wurde er beim berühmten Renaissance-Baumeister Andrea Palladio fündig: Der hatte für den „Palazzo Angarano" in Vicenza eine achtsäulige Fassade entworfen, die man in Potsdam nahezu 1:1 nachempfand. Aus Amsterdam kam die Idee, wie auf dem dortigen Rathaus eine Atlasfigur auf der Kuppel zu inthronisieren. Der vergoldete Kraftprotz balanciert eine ebenfalls vergoldete Weltkugel. Auf dem historischen Bild geht der Blick über Schlosstrümmer hinweg auf das ausgehöhlte Rathaus. In diesem Bau spielt auch jüngere Geschichte: Im Januar 1988 besiegelten Bonn und Potsdam im Turmzimmer ihre Städtepartnerschaft. Es gab Ärger, weil sich der damalige CDU-Oberbürgermeister von Bonn, Hans Daniels, öffentlich für die am Rande der Ostberliner Rosa-Luxemburg-Demo verhafteten Protestler aus der Bürgerbewegung einsetzte.

ST. NICOLAS CHURCH - Potsdam's biggest Protestant church had many predecessors before it got its present design on plans of Karl Friedrich Schinkel in 1830. It all began with the "Saint Catherine's Church" at the time of the Great Elector. It proved to be too small and was demolished. In 1724 the subsequent baroque building was consecrated with a tower that was 85 (!) meters tall. The house burnt down completely in 1795. Only in 1826 did Frederick William III authorize the construction of a new building by Schinkel. The architect modelled the church according to the designs of the Pantheon in Paris and St. Paul's Cathedral in London. The church suffered severe damage during the air raid of 1945. Only since 1981 has the house shone again in its present state.

Der Alte Markt kannte viele Vorgänger-Bauten, bevor Potsdams größtes evangelisches Gotteshaus ab 1830 nach Plänen des genialen Karl-Friedrich Schinkel in seiner heutigen Gestalt entstand: Es begann mit der Katharinenkirche zur Zeit des Großen Kurfürsten. Sie erwies sich als zu klein und wurde abgerissen. 1724 erfolgte die Weihe des barocken Nachfolge-Baus mit einem 85 (!) Meter hohen Turm. Das Haus brannte 1795 vollständig nieder, nachdem ein Lötfeuer sich rasend schnell ausgebreitet hatte. Erst der Gemahl von Königin Luise, Friedrich Wilhelm III., sah sich 1826 nach einem Blick in die Staatskasse in der Lage, den Neubau durch Schinkel zu veranlassen. Der Architekt orientierte sich am Panthéon in Paris und der St. Paul's Cathedral in London. Beim Bombenangriff von 1945 erlitt das Gotteshaus schwere Schäden, Artillerietreffer taten das Übrige. Seit 1981 erstrahlt das Haus wieder in alter Pracht. Eine Besonderheit: In 42 Meter Höhe lädt ein Umgang zu einem grandiosen Panoramablick über die Stadt ein – deutlich erkennbar an dem Geländer in der Kuppelmitte.

OBELISK – Sixteen meters high and a symbol of royal power since antiquity – the obelisk on the Old Market radiates pride and dignity. The mark comes from the drawing files of Georg Wenzeslaus von Knobelsdorff, a friend of the Old Fritz. White marble from Carrara and red marble from Silesia mark the obelisk with its fine tapering pinnacle. Knobelsdorff decorated the four sides with medallions of Prussian rulers before Frederick (and of course with his mentor): The Great Elector, Frederick I, and the Soldier King, the father of the Old Fritz. During GDR times, these were replaced by images of the famous architects Knobelsdorff, Gontard, Schinkel, and Persius.

Ganz im rosigen Marmorton, sechzehn Meter hoch und seit der Antike das Sinnbild königlicher Macht: Der Obelisk mitten auf dem Alten Markt strahlt Stolz und Würde aus. Das Monument stammt aus den Entwurfsmappen vom Freund des Alten Fritz, Georg Wenzeslaus von Knobelsdorff. Der König hatte, als sein Schloss Sanssouci bereits stand, dem Potsdamer Hauptplatz eine Schönheitskur angedeihen lassen. Weißer Carrara-Marmor und roter schlesischer Marmor zeichneten den Obelisken mit seiner feinen, sich nach oben hin verjüngenden Spitze aus.

Knobelsdorff schmückte die vier Seiten mit Medaillons der preußischen Herrscher vor Friedrich (Großer Kurfürst, Friedrich I. und Soldatenkönig) – und natürlich mit dem Konterfei seines Mentors selbst. Zu DDR-Zeiten machte die Ideologie auch vor dem Obelisken nicht Halt: Die Machthaber entfernten die Hohenzollern-Bildnisse als Überbleibsel des „preußischen Militarismus" und ersetzten sie durch Abbildungen der großen Baumeister Knobelsdorff, Gontard, Schinkel und Persius. Links der Zustand der Schloss-Umgebung nach dem Krieg.

MARBLE HALL / PLENARY HALL – *Marble hall or ballroom - visitors hardly dare whisper these names when standing in the new plenary hall. The contrast is extreme between the opulent and lavish Rococo of the past and the plain, "white-washed oak" desks of the lawmakers. This used to be the main hall of the Palace facing the Pleasure Garden. It was a symphony of colors and shapes with two huge paintings. On the ceiling glowed the "elevation of the Great Elector to Olympus" by Charles Philipp Vanloo, a glorification of the predecessor of all Prussian kings. All consumed by fire. Today 88 Brandenburg deputies meet in this semicircle.*

Marmorsaal oder Ballsaal – wer als Besucher im heutigen Plenarsaal steht, wagt kaum, diese Namen zu flüstern. Allzu extrem ist der Gegensatz zwischen üppigstem, verschwenderischem Rokoko-Dekor von einst und den schlichten Abgeordnetentischen aus „gekälkter Eiche" von heute. Dies war der zum Lustgarten hin gelegene Hauptsaal des Schlosses – eine Sinfonie von Farben und Formen mit zwei überdimensionalen Gemälden: Von der Decke leuchtete die „Erhebung des Großen Kurfürsten in den Olymp" von Charles Philipp Vanloo – eine Verherrlichung des Vorgängers aller Preußen-Könige. An einer der Seitenwände setzte sich die Eloge auf diesen Herrscher mit Paul Carl Leygebes Werk „Triumphzug des Großen Kurfürsten" in einem gewaltigen Farbenrausch fort. Alles verbrannt! Heute versammeln sich die 88 Brandenburger Abgeordneten in diesem Halbkreis. Das Wappentier des Landes, der Adler, grüßt in neutralem Weiß von der Stirnseite. Alles gedämpft – auch der Schall von draußen. Wie in einem Stummfilm flutet der Verkehr durch den Lustgarten...

STUDY AND BEDROOM OF THE OLD FRITZ / OFFICE PRESIDENT OF THE PARLIAMENT – *A glance into the study and bedroom of the great Frederick reveals the royal knowledge about proportions and aesthetics. The entire plastic décor has a silver coating. Also all furniture hardware is silver-plated as well as the balustrade, which is closed here, and forms the end of the King's reference library (in the background). Everything is imbued with a splendor, praised as "Potsdam Rococo". The king with his feeling for art played with colors. The material of the wall coverings and furniture in his apartment is light blue. The room, like the interior decoration of the rest of the Palace, was gutted during the air raid of 14th/15th April 1945.*

Bei Königs geht es immer ein wenig großzügiger zu: Der Blick in das Arbeits- und Schlafzimmer des großen Friedrich – wie in Sanssouci in einem Raum vereint – zeigt das königliche Stilbewusstsein. Das gesamte plastische Dekor ist mit Silber überzogen. Sämtliche Möbelbeschläge sind versilbert ebenso wie die (hier geschlossene) Balustrade, der Abschluss der Handbibliothek des Hausherrn (im Hintergrund). Alles atmet die Fülle und den Glanz dessen, was man als „Potsdamer Rokoko" rühmt. Der kunstsinnige König spielte mit Farben: Alle Stoffe der Tapeten und Möbel in seiner Wohnung sind in einem lichten Blau gehalten. Aus diesem Arbeitszimmer blickte er auf die Bittschriftenlinde unterhalb des Fensters und schickte seinen Kammerdiener aus, um die Petitionen einzusammeln. Das Zimmer brannte, wie das gesamte Schloss-Interieur, beim britischen Bombenangriff am 14./15. April 1945 aus. Heute residiert ungefähr in diesem Bereich der Landesrechnungshof. Das Jetzt-Foto zeigt das Büro des Landtagspräsidenten im Südwestflügel.

CONCERT ROOM / LIBRARY – The Potsdam City Palace was probably the favorite place of Old Fritz – apart
from Rheinsberg when he was young. Everyone knows
that Frederick played the flute with great virtuosity. So
it is not surprising that his concert room was next to his
study and bedroom. The room was furnished by his court
interior designer, the ingenious Johann August Nahl. The
City Palace owes most of its famous interior decoration
to him. After 1918 the building was opened to the public
as a museum. The concert room shone in gold and light
blue and green colors, lighted by candles, a grandeur that
perished in the fire of incendiary bombs.

„Mich kriegt kein Teufel aus Potsdam", schrieb einst der Alte Fritz an seinen Intimus, den Kammerdiener Fredersdorff. Absender-Adresse: Stadtschloss, Lustgarten, Potsdam – diesen Dreiklang mochte der Herrscher. Er unterhielt auch Wohnungen im Berliner Schloss und in Charlottenburg. Aber das Stadtschloss war ihm – neben Rheinsberg und Sanssouci – wahrscheinlich das liebste. Bekanntlich brachte er es auf der Querflöte zu beachtlicher Spielkunst. Kein Wunder, dass sein Konzertzimmer gleich neben seinem Arbeits- und Schlafzimmer lag. Johann August Nahl, genialer Haus-und-Hof-Innenarchitekt des Herrschers, hatte es gestaltet. Weitgehend ihm verdankte das Stadtschloss sein berühmtes Interieur. Nach 1918 stand das Haus dem Publikum als Museum offen. Das Konzertzimmer schimmerte, von Kerzenlicht erhellt, in Gold- und leichten Blau-Grün-Tönen – im Feuer der Brandbomben untergegangene Pracht. Wer heute nach geistigen Genüssen sucht, wird in der Bibliothek fündig.

ETRUSCAN ROOM / FOYER – Prussia's monarchs looked further than just the "box of sand", as the March of Brandenburg is called. Friedrich Wilhelm III, husband of Queen Louise, was well-versed in archaeology and antiquity studies. He set up the "Etruscan Cabinet" in the former cabinet of the Great Elector on the southern side of the Palace. As a designer he got none other than the architect Gottfried Schadow. The picture shows a number of scenes from Etruscan life on the wood paneling. Today such visual axes run across the inside of the entire building. White Greek marble, white walls, indirect light, restrained elegance.

Preußens Herrscher sahen durchaus weiter, als die märkische Streusandbüchse reichte: So bewegte sich der Ehemann von Königin Luise, Friedrich Wilhelm III., sehr kenntnisreich auf dem Feld der Archäologie und der Altertumskunde. Funde der Antike waren, wie man heute sagen würde, sein Hobby. Die Etrusker und ihre Kultur faszinierten ihn, so ist es kein Wunder, dass sich der Monarch ein „Etruskisches Zimmer" zulegte. Im früheren Kabinett des Großen Kurfürsten – also auf gleichsam heiligem Preußen-Boden an der Südseite des Schlosses –

richtete er ein „Etruskisches Kabinett" ein. Als Ausstatter holte er keinen Geringeren als den Architekten Gottfried Schadow. Das Bild zeigt an den holzvertäfelten Wänden eine Reihe von Szenen aus dem etruskischen Leben. Auf dem Boden stehen Vasen. Fachleute loben die exzellente Handwerksarbeit. Heute residiert der Landtagspräsident mit seinem Stab in diesem Bereich. Weißer griechischer Marmor, weiße Wände, indirektes Licht, zurückhaltende Eleganz prägen die Atmosphäre des gesamten Neubaus, so wie hier im Besucher-Foyer.

YELLOW SALON OF QUEEN LOUISE / ROOMS PARLIAMENTARY PARTIES – Queen Louise and Frederick William III felt particularly at home in the City Palace. The apartment of the couple with its distinctive niches and fireplaces was in the western axis of the Palace, with a view to the Royal Stables and the Garrison Church. The Queen's "Yellow Salon" is certainly one of the most decoratively furnished rooms. It was situated where the western front building juts a little out of the façade and where the subsequent suite of rooms almost ends at the Fortuna Portal. The interior decoration foreshadows the Biedermeier style. The furniture is classical and kept simple. It is difficult to reconstruct the location of the room. Today the parliamentary groups of the SPD, CDU and the left share the wing where once was the "Yellow Salon".

Nicht nur „Still-im-Land", wie Königin Luise ihr malerisches Lieblings-Schlösschen in Paretz westlich von Potsdam nannte, gehörte zu den Favoriten der jungen Mecklenburgerin: Auch im Stadtschloss fühlte sich die junge Frau, mit Friedrich Wilhelm III. an ihrer Seite, besonders wohl. Die Wohnung des Paares mit den charakteristischen Nischen und Kaminen lag in der westlichen Achse des Schlosses, mit dem Blick hinüber zu Marstall und Garnisonkirche. Zu den besonders gelungenen Interieurs zählte gewiss der „Gelbe Salon" der Königin. Er lag dort, wo der westliche Kopfbau ein wenig aus der Front springt und die anschließende Zimmerfront fast bis zum Fortunaportal reicht. Das Dekor lässt das heraufziehende Biedermeier ahnen. Das Mobiliar zeigt sich klassisch-schlicht. An den Wänden finden sich überwiegend Landschaftsmotive. Den Standort des Salons nachzuvollziehen, fällt schwer, denn die gesamte Innenaufteilung des Hauses ist verändert. SPD-, CDU- und Linke-Fraktion teilen sich heute den Trakt, in dem der „Gelbe Salon" lag.

MARBLE STAIRS – Knobelsdorff's staircase, like the Marble Hall he designed, is a masterpiece and the most important work of Frederick's friend in the Palace. The buoyancy of the staircase curvature mainly results from the fire-gilded bronze banister with its precious rocaille and flower ornamentations. Only fractions of the banister were found in the ruins. The four atlases in the corners of the room survived. The modern material takes up the jauntiness of the staircase. The most beautiful part burned up: the big ceiling painting that somehow opened the sky above Potsdam. "Der Friede beglückt die Völker" (Peace Blesses the Peoples) painted by the divine Antoine Pesne.

Diese Treppe müssen alle hinauf: Wer nicht als Prominenter von der Rampe aus den Plenarsaal (Marmorsaal) betritt, muss – wie eh und je – dieses Meisterwerk von Knobelsdorff emporsteigen. Es ist neben dem Marmorsaal das wichtigste Werk des Friedrich-Freundes im Schlossinnern. Vor allem das feuer-vergoldete Bronze-Geländer mit seinen kostbaren Rocaille- und Blumenornamenten verleiht dem Treppenbogen seine heitere Beschwingtheit. Nur Bruchteile des Geländers fanden sich in den Trümmern wieder. Die vier At-

lanten in den Ecken des Raumes sind erhalten geblieben. Den ehemaligen Schwung der Treppe nimmt auch das moderne Material auf – während das Geländer zu einem eher bescheidenen Handlauf verkümmerte. Und das Schönste verbrannte: Das große Deckenbild, das gleichsam den Himmel über Potsdam öffnete: „Der Friede beglückt die Völker", gemalt von dem großartigen Antoine Pesne. Das Motiv: Eine jugendliche Minerva hält Angreifern einen blitzeschleudernden Schild mit Friedrichs Initialen „FR" entgegen.

KITCHEN / CAFETERIA – *"My father loves Potsdam very much. It is a cheerful place, indeed. I enjoy being here and my brother as well," wrote Prussia's first king Frederick I into his exercise book in 1666. The ladies and gentlemen always celebrated and dined exquisitely in the City Palace. Also the Old Fritz was not niggling when it came to his food. The kitchen was on the ground floor of the western wing, far away from the royal chambers. There were two reasons for this. Nobody wanted to have the smell of cooking around and the work at the open fire of the stove was always a hazard. Today Oliver Paul from the neighboring restaurant Kutschstall is the chef of the cafeteria, which is open to the public. A special attraction is the roof terrace with a panoramic view of the Fortuna Portal.*

Auf den ersten Blick flößt das Stadtschloss mit seinen klaren, strengen Linien und seiner Geschlossenheit nach außen Respekt ein: Kaum vermag man sich vorzustellen, dass es hier – im Zentrum der preußischen Politik – nicht immer ernsthaft zuging. Und doch war es so: „Mein Herr Vater hat Potsdam sehr lieb. Es ist auch ein lustiger Ohrt, ich bin gern da und mein Bruder auch", schrieb Friedrich III., Preußens späterer erster König Friedrich I., 1666 als Kind in sein Übungsbuch. Die Damen und Herren feierten und tafelten im Stadtschloss stets auf das Feinste. Auch der Alte Fritz war keineswegs ein Kostverächter. Die Küche befand sich im Erdgeschoss des Westflügels – also weit entfernt von den herrschaftlichen Räumen. Dafür gab es zwei Gründe: Niemand wollte gern von den Küchendüften umweht werden, zudem brachte die Arbeit mit offenem Feuer am Herd stets Brandgefahr mit sich. Heute führt Oliver Paul vom benachbarten Kutschstall-Restaurant die Küche. Der Zugang für das Publikum ist offen. Der besondere Clou ist die Dachterrasse – mit Panoramablick auf das Fortunaportal.

WEINKELLER / RAUM DER STILLE

WINE CELLAR / ROOM OF SILENCE – *Following the example of many state parliaments in Germany, the architect Peter Kulka created a "Room of Silence" in the new Parliament Palace. It is meant as a place for all those who want to retreat from the hectic pace of political life, who want to pray, meditate or just want to be alone for a while. The interior design is of great simplicity. An altar-like cube, narrow benches on the sides, stools. The Palace did not have such a room before. Like the Room of Silence, a respectable wine cellar was in the palace basement that boasted some select vintage wine and even some rarities from France. At the time of the father of Frederick I you often heard in the palace: „Raise your glasses". And the Old Fritz was not picky at all.*

Nach dem Muster vieler Länderparlamente in Deutschland richtete der Dresdener Architekt Peter Kulka auch im neuen Landtagsschloss einen „Raum der Stille" ein. Gedacht als Rückzugsort für alle, die sich der Hektik des politischen Betriebs für eine Weile entziehen wollen – sei es um zu beten, sei es um zu meditieren, oder um einfach einmal für sich zu sein. Als Vorbild könnte der „Raum der Stille" gedient haben, den seinerzeit die frühere Präsidentin des Abgeordnetenhauses von Berlin, Hanna-Renate Laurien, in einem Seitenflügel des Brandenburger Tors einrichtete. Das Interieur ist wie das gesamte Schloss-Innere von großer Schlichtheit: Ein altarähnlicher Kubus vorn, schmale Seitenbänke, Hocker. Einen vergleichbaren Raum gab es im Schloss früher nicht. Wie der Raum der Stille, befand sich im Untergeschoss des Schlosses jedoch ein solider Weinkeller mit allerlei guten Tropfen bis hin zu Raritäten aus Frankreich. Besonders zu Zeiten des Vaters von Friedrich I. hieß es im Schloss oft: „Hoch die Tassen...". Und auch der Alte Fritz war keineswegs ein Kostverächter.

Stadtschloßhof

Am Sonnabend, dem 25. Juni 1938, 21 Uhr

STADTSCHLOSSHOF

Serenade

Berliner Philharmonisches Orchester · Leitung: Hans von Benda

MUSIK DES 17. UND 18. JAHRHUNDERTS

CONCERT / OPENING – Saturday, 25th June 1938, 9:00 pm – the last peaceful summer before the war began a year later. "Music Festival in Potsdam" was the motto of the concerts by the Berlin Philharmonic Orchestra in the Palace's courtyard. The prominent musicians ignited Handel's popular "Music for the Royal Fireworks" and played Mozart's "Overture in the Italian Style". The muses were always at home in the Palace. In the now destroyed concert room Frederick the Great played a theme of a fugue for the great Bach on the Silbermann fortepiano on 7th May 1747. The grand opening of the parliament took place in January 2014.

Zur Premiere beim Parlament

LANDTAG BRANDENBURG

Eröffnungswochenende
Landtag Brandenburg
18.-19.01.2014

Es ist Sonnabend, der 25. Juni 1938, 21 Uhr – der letzte friedliche Sommer vor dem Weltkriegsbeginn ein gutes Jahr später. „Festliche Musiktage in Potsdam" lautet das Motto der Konzertreihe in der Preußen-Metropole – die Philharmoniker aus Berlin begeistern mit Händels populärer „Feuerwerks-Musik" und Mozarts „Ouvertüre im italienischen Stil". Hier im Schloss waren die Musen zu Hause: In seinem Konzertzimmer gab Friedrich II. am 7. Mai 1747 dem großen Johann Sebastian Bach auf dem selbstgespielten Silbermannflügel ein Fugenthema vor. Auch dieser Tage sind Gäste im Stadtschloss herzlich willkommen: Am 18.–19. Januar 2014 fand das Eröffnungswochenende statt, an dem die Brandenburger ihren neuen Landtag das erste Mal bestaunen konnten.

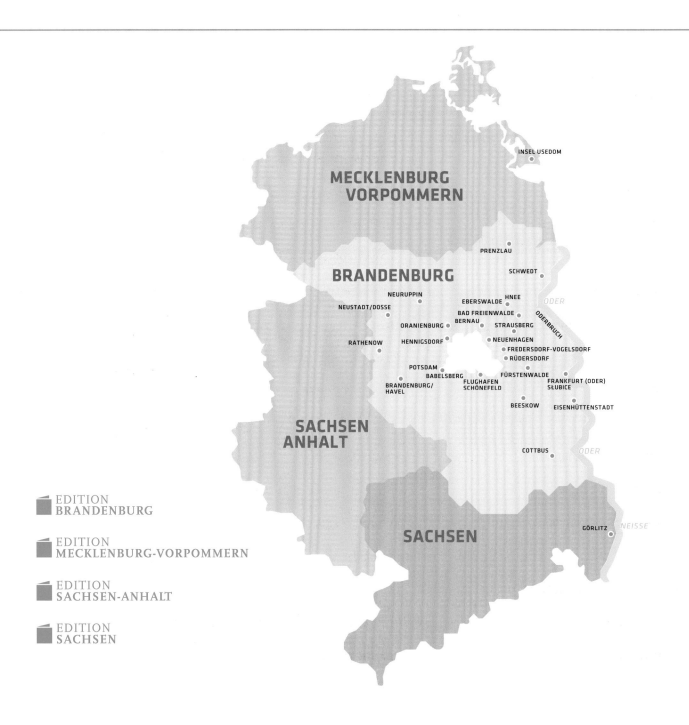

INSEL USEDOM

MECKLENBURG
VORPOMMERN

PRENZLAU

BRANDENBURG

SCHWEDT

NEURUPPIN

HNEE

EBERSWALDE

NEUSTADT/DOSSE

ODER

BAD FREIENWALDE
BERNAU

ORANIENBURG

STRAUSBERG

ODERBRUCH

RATHENOW

HENNIGSDORF

NEUENHAGEN

FREDERSDORF-VOGELSDORF
RÜDERSDORF

POTSDAM
BABELSBERG

FÜRSTENWALDE

FRANKFURT (ODER)
SŁUBICE

BRANDENBURG/
HAVEL

FLUGHAFEN
SCHÖNEFELD

BEESKOW

EISENHÜTTENSTADT

SACHSEN
ANHALT

COTTBUS

ODER

SACHSEN

GÖRLITZ

NEISSE

EDITION
BRANDENBURG

EDITION
MECKLENBURG-VORPOMMERN

EDITION
SACHSEN-ANHALT

EDITION
SACHSEN

Bisher erschienen in der Buchreihe
EINST UND JETZT:

BILDNACHWEIS